Langenscheidt

Praktische Grammatik Englisch

von Dr. Sonia Brough

und Dr. Vincent J. Docherty

Langenscheidt

Berlin · München · Wien · Zürich · New York

Redaktion: Dierk Drews
Projektleitung: Alke-Almut Wüstholz

Ergänzende Hinweise, für die wir jederzeit dankbar sind, bitten wir zu richten an:
Langenscheidt Verlag, Postfach 40 11 20, 80711 München

Auflage:	9.	8.	7.	Letzte Zahlen
Jahr:	2006	05		maßgeblich

Druck: Druckhaus Langenscheidt, Berlin-Schöneberg
Printed in Germany – ISBN 3-468-**34932**-7

Vorwort

Etwas Positives gleich vorweg: Englische Grammatik muss nicht fade sein, ja sie kann sogar Spaß machen! Mit diesem Buch möchten wir Sie in alle wichtigen Gebiete der englischen Grammatik einführen, ohne dass Sie nach den ersten Kapiteln gelangweilt das Buch ins Regal stellen. Deshalb haben wir in die Beispiele viel Humor einfließen lassen, entsprechend unserem Motto: Je interessanter die Beispiele, desto eher behält man die Regeln. Über den typisch britischen Humor hat man zudem den leichtesten und dabei angenehmsten Zugang zur englischen Kultur und Lebensphilosophie.

Wir haben das vorliegende Werk ganz bewusst auf die Lernenden zugeschnitten, deren Muttersprache Deutsch ist. So konnten wir Ihnen eine Menge „überflüssiger Details" ersparen, die für Deutschsprachige kein Problem darstellen, und uns zugleich auf die wirklich schwierigen Grammatikbereiche und typischen Fehlerquellen konzentrieren.

Um Ihnen das Lernen zu erleichtern, haben wir außerdem die Beispiele ins Deutsche übersetzt. Die farblich hervorgehobenen Regeln werden von diesen Beispielen hergeleitet, wobei sich die in Klammern angeführten Zahlen auf die entsprechenden Beispielsätze beziehen. So wird auf anschauliche Weise der Bezug zwischen Regel und Beispiel hergestellt. Zur späteren Wiederholung oder Auffrischung können Sie sich dann der „Froschtechnik" bedienen und einfach von Regel zu Regel hüpfen!

Bei der Wahl der grammatischen Bezeichnungen ging es uns vor allem um Verständlichkeit – deshalb haben wir hierbei „aus mehreren Töpfen geschöpft". So finden Sie neben älteren auch modernere Begriffe und gelegentlich sogar englische Bezeichnungen, je nachdem, was sich im Einzelfall als sinnvoll erwies.

Ein Tipp noch zum Schluss: Nehmen Sie sich beim Durcharbeiten der **Praktischen Grammatik** nie mehr als ein Kapitel auf einmal vor. Bei längeren Kapiteln arbeiten Sie am besten immer bis zum nächsten größeren Abschnitt weiter. So bleiben die zu schluckenden „Brocken" leicht verdaulich, und Sie haben Appetit auf mehr!

Wir wünschen Ihnen dabei viel Spaß und Erfolg!

Autoren und Verlag

Inhaltsverzeichnis

Abkürzungen:

AE	amerikanisches Englisch
BE	britisches Englisch
etw.	etwas
jmd.	jemand
jmdm.	jemandem
jmdn.	jemanden
mst.	meist, meistens
Pl.	Plural, Mehrzahl
S. … ff.	Seite … und folgende
s.o.	*someone*
s.th.	*something*
Sg.	Singular, Einzahl
umgs.	umgangssprachlich
vgl.	vergleiche

1 Das Verb

1.1 Die Gegenwart: einfache Form und *-ing*-Form

Bevor wir uns mit den feinen Unterschieden zwischen diesen beiden Gegenwartsformen auseinander setzen, ist ein bisschen „Allgemeinbildung“ angesagt.

1.1.1 Die Bildung der Gegenwartsformen

Bei der einfachen Gegenwart weicht nur die 3. Person Singular (*er, sie, es, der Mann* usw.) von der Grundform des Verbs ab:

1. walk	– he walk**s**	3. arrive	– it arrive**s**
2. sing	– she sing**s**	4. bark	– it bark**s**

In der 3. Person Singular wird im Allgemeinen ein *-s* der Grundform des Verbs hinzugefügt (1–4).

Es gibt jedoch ein paar Ausnahmen:

5. kiss	– she kiss**es**	7. teach	– he teach**es**
6. crash	– it crash**es**	8. box	– he box**es**

Bei Verben, die auf *-s, -sh, -ch* oder *-x* enden, bildet man die 3. Person Singular durch Anhängen von *-es* an die Grundform (5–8).

Noch eine Kleinigkeit:

9. marry	– she marr**ies**	11. deny	– she den**ies**
10. try	– he tr**ies**	12. supply	– he suppl**ies** sorgen für, versorgen, liefern,

Verben, die auf einen Konsonanten (Mitlaut wie z. B. *l, n, r, t*) + *-y* enden, bilden die 3. Person Singular auf *-ies* (9–12).

Bei den Vokalen (Selbstlauten) *a, e, o, u* + *-y* bleibt das *-y* stehen:

13. play	– she play**s**	14. buy	– he buy**s**

Beachten Sie auch:

15. go	– he **goes**	18. be	– I **am**
16. do	– she **does**		you **are**
17. have	– it **has**		he, she, it **is**
			we, they **are**

Auch die Mehrzahl der Substantive im Englischen wird durch Anhängen von *-s* gebildet, und diese drei Grundregeln gelten auch dort (vgl. Kapitel 3.1).

1.1.2 Die Bildung der *-ing*-Form

Die Verlaufsform der Gegenwart bedient sich der so genannten „*-ing*-Form“:

1. talk – talk**ing** 2. ask – ask**ing**

Die *-ing*-Form wird gebildet aus der Grundform des Verbs + *-ing* (1, 2).

Und nun die Ausnahmen:

3. race – rac**ing** 4. escape – escap**ing**

Ein nicht gesprochenes *-e* am Ende des Verbs entfällt (3, 4).

5. hit – hit**ting** 7. admit – admit**ting**
6. grab – grab**bing** 8. tip – tip**ping**

Ein einfacher Konsonant (*b, d, g* usw.) nach kurzem betontem Vokal (*a, e, i, o, u*) wird verdoppelt (5 – 8).

9. profit – profit**ing** 10. enter – enter**ing**

Ist der Endvokal nicht betont, bleibt der Konsonant einfach (9, 10).

11. untie – unt**ying** 12. die – d**ying**

-ie wird zu *-ying* (11, 12).

13. refer – refer**ring** 14. occur – occur**ring**

Ein *-r* am Ende nach einem betonten, einfachen Vokal wird verdoppelt (13, 14).

15. label – label**ling** 16. level – level**ling**

Ein *-l* am Ende nach einem einfachen Vokal wird verdoppelt (15, 16)[1].

17. panic – panic**king** 18. picnic – picnic**king**

Einem *-c* am Ende wird ein *-k-* hinzugefügt (17, 18).

[1] Im Amerikanischen wird das *-l* allerdings nicht verdoppelt (AE *traveling, labeling*), es sei denn, die Endsilbe des Grundverbs ist betont: AE und BE *controlling*.

1.1.3 Die Bildung der -*ing*-Form der Gegenwart

1. Lucy **is laughing**.	*Lucy lacht.*
2. **I'm trying**!	*Ich versuch's ja!*
3. You**'re joking**!	*Du machst wohl Witze!*

Die -*ing*-Form der Gegenwart wird gebildet aus *am*/*are*/*is* (bzw. den Kurzformen *'m*/*'re*/*'s*) + -*ing*-Form (1–3).

1.1.4 Der Gebrauch der Gegenwartsformen

Sehen Sie sich folgende zwei Beispielsätze an:

1. **I'm having** a break.	*Ich mache gerade Pause.*
2. I **have** a break at this time every morning.	*Ich mache jeden Morgen um diese Zeit Pause.*

Im ersten Beispiel haben wir es mit der Verlaufsform der Gegenwart zu tun. Im zweiten Satz steht das Verb in der einfachen Gegenwart. Aber hier geht es doch beide Male um genau dieselbe Handlung im selben Zeitraum, nämlich um das Pause machen in der Gegenwart. Weshalb also zwei verschiedene Formen?

Der Unterschied: Im ersten Satz haben wir es mit einer Handlung zu tun, die zum Zeitpunkt des Sprechens gerade im Gange ist. Dies erfordert im Englischen die -*ing*-Form (im Deutschen gelegentlich auch Verlaufsform genannt), um – und darauf deutet diese Bezeichnung schon hin – auszudrücken, dass etwas gerade „verläuft" oder abläuft wie im Film.

Die -*ing*-Form der Gegenwart verwendet man für Vorgänge oder Handlungen, die zu einem bestimmten Zeitpunkt in der Gegenwart gerade ablaufen (1).

! Stellen Sie sich vor, es ist jemand mit der Videokamera dabei, den Handlungsablauf auf Film einzufangen.

Im zweiten Beispielsatz deutet der Ausdruck *every morning* darauf hin, dass es sich um einen regelmäßig wiederkehrenden Vorgang handelt, der im Englischen die einfache Gegenwart verlangt.

Die einfache Gegenwart beschreibt Handlungen, die wiederholt, regelmäßig, gewohnheitsmäßig oder traditionsgemäß wiederkehren (2).

Ein paar weitere Beispiele sollen dies noch deutlicher machen:

3. Some people say I **talk** too much.	*Manche Leute behaupten, ich rede zu viel.*
4. I don't think you **eat** enough.	*Ich glaub, du isst nicht genug.*

Führen wir uns den Unterschied zwischen beiden Gegenwartsformen noch einmal vor Augen:

5. Daddy**'s crying**.	*Papi weint.*
6. Daddy always **cries** when he has to peel the onions.	*Papi weint immer, wenn er Zwiebeln schälen muss.*

Hier stellt der Junge erstaunt fest, dass seinem Vater gerade die Tränen über die Wangen laufen (Beispiel 5). Mutti aber lässt das kalt, denn sie weiß, dass dem Papi jedes Mal die Tränen kommen, wenn er Zwiebeln schält (Beispiel 6). In ihrer Aussage handelt es sich um eine wiederkehrende Handlung.

Kurz zusammengefasst:

- Handlung läuft gerade ab: -*ing*-Form in der Gegenwart (1, 5)
- regelmäßig wiederkehrende Handlung: einfache Gegenwart (2 – 4, 6)

Auch den Alltagstrott sieht man im Englischen als eine Art Dauereinrichtung:

7. – My brother **works** for Lloyds.	*– Mein Bruder arbeitet bei Lloyds.*
– What does he do?	*– Und was macht er da?*
– He **cleans** windows.	*– Er ist Fensterputzer.*
8. – Do you have any hobbies?	*– Haben Sie irgendwelche Hobbys?*
– Yes, I **collect** meteorites.	*– Ja, ich sammle Meteoriten.*

Die einfache Gegenwart wird auch bei Berufen sowie dauerhaften Beschäftigungen, Aufgaben, Funktionen usw. verwendet (7, 8).

Die „Unveränderlichkeit“ bestimmter Zustände ist auch bei einer weiteren wichtigen Anwendung der einfachen Gegenwart ausschlaggebend:

9. Water **expands** when it **freezes**.	*Wasser dehnt sich aus, wenn es gefriert.*

Die einfache Gegenwart wird verwendet, um allgemeine Tatsachen und Wahrheiten, zeitlose Tatbestände sowie natürliche Gesetzmäßigkeiten zu beschreiben (9).

Und schließlich:

10. The early bird **catches** the worm. — *Morgenstund hat Gold im Mund.*

Die einfache Gegenwart tritt besonders häufig bei Sprichwörtern auf (10).

Kommen wir zurück auf die *-ing*-Form der Gegenwart. Sie ist nämlich nicht nur auf Handlungen beschränkt, die gerade in diesem Moment ablaufen, sondern beschreibt auch solche, die sich über längere Zeiträume erstrecken:

11. My son**'s learning** to drive. — *Mein Sohn macht den Führerschein.*

Das heißt nicht unbedingt, dass der Filius gerade eine Fahrstunde oder gar die Fahrprüfung absolviert, sondern es handelt sich um eine längerfristige Handlung bzw. Beschäftigung, die noch nicht abgeschlossen ist. Sie hat irgendwann begonnen, und irgendwann wird sie auch zu Ende sein. Für uns ist aber nur von Interesse, dass sie zurzeit gerade läuft.

Die *-ing*-Form der Gegenwart bezeichnet auch nicht abgeschlossene Handlungen und Beschäftigungen, die sich über einen längeren Zeitraum erstrecken (Tage, Wochen, Jahre).

! Wenn man im Deutschen „zurzeit" hinzufügen kann, handelt es sich um eine nicht permanente Beschäftigung, und man verwendet im Englischen die *-ing*-Form der Gegenwart.

Noch einmal kurz zusammengefasst:

- kontinuierliche Handlung über einen begrenzten Zeitraum: *-ing*-Form der Gegenwart (11)
- „permanente" Beschäftigung, Funktion usw.: einfache Gegenwart (7, 8)

Einige Vorgänge dauern nun mal ihre Zeit:

12. You**'re losing** more and more hair every day. — *Du verlierst mit jedem Tag mehr Haare.*
13. My English **is getting** better and better. — *Mein Englisch wird immer besser.*

Bei Vorgängen, die eine allmähliche Zustandsveränderung ausdrücken, verwendet man die *-ing*-Form der Gegenwart (12, 13).

1.1.5 Einfache Form und *-ing*-Form der Gegenwart im selben Satz

Bisher hatten wir es immer mit vereinzelt auftretenden Handlungen, Vorgängen usw. zu tun. Was ist aber, wenn zwei regelmäßig stattfindende Vorgänge o. Ä. in Verbindung zueinander gesetzt werden?

1. The kids **are** usually **fighting** when I **get up**. — *Die Kinder raufen sich meistens, wenn ich aufstehe.*

Es hieß aber doch vorhin, dass regelmäßig wiederkehrende Handlungen in der einfachen Gegenwart stehen. Warum also hier unterschiedliche Gegenwartsformen in einem Satz?

Man sollte sich das so vorstellen, dass eine Handlung bereits „verläuft" oder „abläuft", und eine andere kommt dazu oder dazwischen. Grafisch lässt sich das etwa so darstellen:

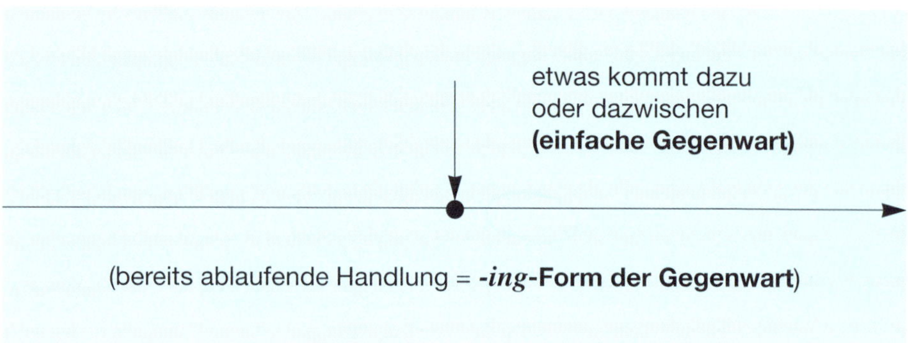

Dabei ist es völlig unerheblich, welcher Vorgang am Anfang des Satzes steht – ausschlaggebend ist nur, welcher Vorgang bereits abläuft (*-ing*-Form!), wenn der andere dazukommt:

2. I**'m** usually **sleeping** when my wife **gets** home from work. — *Normalerweise schlafe ich schon, wenn meine Frau von der Arbeit nach Hause kommt.*
3. Sometimes she **wakes** me up if I**'m** not **sleeping** too soundly. — *Manchmal weckt sie mich auf, wenn ich nicht allzu fest schlafe.*

1.1.6 Verben, die normalerweise nicht in der *-ing*-Form erscheinen

Es gibt eine Reihe von Verben, die relativ selten in der *-ing*-Form erscheinen, da sie keine Vorgänge als solche beschreiben, sondern eher Zustände. Dazu zählen unter anderem folgende:

believe	*glauben*	**love**	*lieben*
belong	*gehören*	**mean**	*bedeuten*
contain	*enthalten*	**need**	*brauchen*
cost	*kosten*	**own**	*besitzen*
exist	*existieren*	**prefer**	*bevorzugen*
feel	*sich fühlen*	**remember**	*sich erinnern*
forget	*vergessen*	**see**	*sehen*
hate	*hassen*	**seem/appear**	*scheinen*
hear	*hören*	**sound**	*klingen*
hope	*hoffen*	**think**	*meinen*
know	*wissen*	**understand**	*verstehen*
like	*mögen*	**want**	*wollen*
look	*aussehen*	**wish**	*wünschen*

it depends (whether)	*es kommt darauf an (, ob)*
they **smell** wonderful *usw.*	*sie riechen phantastisch* usw.
he **sounds** awful *usw.*	*er klingt furchtbar* usw.
this **tastes** unusual *usw.*	*das schmeckt ungewöhnlich* usw.

Erscheinen diese Verben in der *-ing*-Form, haben sie meistens eine andere Bedeutung als oben angegeben:

1. I'**m seeing** my bank manager this morning.	*Ich **habe** heute Vormittag **einen Termin** beim Filialleiter meiner Bank.*
2. We'**re thinking of** buying a baby alligator.	*Wir **spielen mit dem Gedanken,** einen jungen Alligator zu kaufen.*

Allerdings sollten Sie sich nicht wundern, wenn Sie der Verlaufsform dieser Verben gelegentlich auch in der im Kasten angegebenen Bedeutung begegnen sollten, insbesondere wenn *these days* (= heutzutage), *at the moment* (= zurzeit) o. Ä. auch im Satz steht:

3. He'**s** not **seeing** too well these days.	*Seine Augen sind nicht mehr das, was sie mal waren.*

Der Gebrauch der *-ing*-Form bei diesen Verben verleiht der Aussage auch oft eine gewisse Intensität:

4. **I'm hoping** we can come.	*Ich hoffe (sehr), dass wir kommen können.*

1.1.7 Die *-ing*-Form bei *to have* und *to be*

Auch bei zwei der wichtigsten Verben im Englischen ist der Gebrauch der *-ing*-Form der Gegenwart eingeschränkt:

1. Our neighbours **have** a lovely swimming pool.	*Unsere Nachbarn haben einen wunderschönen Swimmingpool.*
2. I can't come to the phone – **I'm having** a shower!	*Ich kann jetzt nicht ans Telefon – ich bin gerade unter der Dusche!*

Das Verb *to have* ist in der *-ing*-Form nicht möglich, wenn damit Besitz ausgedrückt werden soll (1).

In anderen Bedeutungen ist die *-ing*-Form durchaus zulässig (2).

Nun zum Verb *to be*:

3. My false teeth **are being repaired** at the moment.	*Meine dritten Zähne sind gerade zur Reparatur.*
4. My boss **is being** very friendly at the moment – I wonder what he wants!	*Mein Chef ist zurzeit sehr freundlich zu mir – ich frage mich, was er will!*

Das Verb *to be* kann nur in folgenden Fällen in der *-ing*-Form erscheinen:

- im Passiv (3)[1]
- in Verbindung mit einem Adjektiv, das eine bestimmte (meist ungewöhnliche) Verhaltensweise ausdrückt (4).

[1] Hier wird ausgedrückt, dass etwas gerade gemacht wird – vgl. Kapitel 1.6.

1.2 Einfache Vergangenheit und *-ing*-Form der Vergangenheit

Das, was Sie sich im vorangegangenen Kapitel mit Mühe einverleibt haben, kommt Ihnen nun beim aktuellen Thema zugute, denn auch in der Vergangenheit unterscheidet man im Englischen zwischen dem, was war, und dem, was „gerade ablief“.

1.2.1 Die Bildung der einfachen Vergangenheit

1. walk – walk**ed**
2. ask – ask**ed**
3. play – play**ed**
4. pull – pull**ed**

Bei den regelmäßigen Verben wird *-ed* an die Grundform des Verbs angehängt (1–4).

Die Vergangenheitsformen der unregelmäßigen Verben finden Sie in einer Tabelle im Anhang (S.157–158).

Zurück aber zu den regelmäßigen Verben. Hier wäre noch Folgendes zu beachten:

5. scrub – scrub**bed**
6. admit – admit**ted**
7. plug – plug**ged**
8. nod – nod**ded**

Ein einfacher Konsonant (*b, d, g* usw.) nach kurzem Vokal (*a, e, i, o, u*) wird verdoppelt (5–8).

9. prefer – prefer**red**
10. occur – occur**red**

Ein einfacher Konsonant nach einem betonten einfachen Vokal in einem zweisilbigen Wort wird verdoppelt (9, 10).

Und wenn der einfache Konsonant nicht betont ist?

11. target – target**ed**
12. benefit – benefit**ed**
13. suffer – suffer**ed**
14. discredit – discredit**ed**

Aber: 15. travel – travel**led** 16. label – label**led**

Ein einfacher Konsonant nach einem unbetonten einfachen Vokal wird nicht verdoppelt (11–14).

Die Ausnahme ist ein einfaches *-l*, das im britischen Englisch verdoppelt wird (15, 16)[1].

Dann wäre noch folgender Fall:

17. try – tr**ied**
18. marry – marr**ied**
19. hurry – hurr**ied**
20. reply – repl**ied**

Ein *-y* nach einem Konsonanten wird bei regelmäßigen Verben zu *-ie-* (17–20).

Dies gilt also nicht, wenn vor dem *-y* ein Vokal steht: vgl. *spray – sprayed, convey – conveyed.*

1.2.2 Der Gebrauch der einfachen Vergangenheit

1. Adam **sometimes gave** his theology teacher an apple.	*Adam gab seinem Religionslehrer manchmal einen Apfel.*
2. He **always arrived** at meetings at the last minute.	*Er traf immer in letzter Minute bei den Sitzungen ein.*
3. My parents **rarely went** on holiday.	*Meine Eltern sind selten in Urlaub gefahren.*

Die einfache Vergangenheit bezeichnet Handlungen, die sich in der Vergangenheit mehrmals bzw. regelmäßig wiederholten (1–3).

Natürlich bleibt nicht alles im Leben so, wie es früher einmal war:

4. You **used to call** me from work regularly.	*Früher hast du mich regelmäßig von der Arbeit aus angerufen.*
5. She **used to smoke** 60 a day.	*Früher hat sie 60 Zigaretten am Tag geraucht.*

Bei Sätzen in der Vergangenheit, in denen der Gegensatz zwischen „früher" und „jetzt" betont wird, verwendet man die Konstruktion *used to* + Infinitiv (4, 5).

[1] Im Amerikanischen wird das *-l* nicht verdoppelt (AE *traveled, labeled*). Wenn die Endsilbe aber betont ist, wird das *-l* auch im Amerikanischen verdoppelt: AE und BE *expelled*.

Die einfache Vergangenheit wird auch in Sätzen wie den folgenden verwendet:

6. Last month he accidentally **knocked down** a policeman in the pedestrian zone.	*Letzten Monat hat er aus Versehen einen Polizisten in der Fußgängerzone umgefahren.*
7. He **didn't turn up** for his interview.	*Er ist nicht zu seinem Vorstellungsgespräch erschienen.*
8. She **got** malaria after her trip to Borneo.	*Nach ihrer Reise nach Borneo erkrankte sie an Malaria.*

Die einfache Vergangenheit wird auch für Einzelhandlungen verwendet, die in der Vergangenheit abgeschlossen wurden (6 – 8).

! Oft erscheint im Satz entweder eine präzise Zeitangabe (wie *last month*) oder ein Hinweis auf eine bestimmte Zeit (wie *after her trip to Borneo*).

Dann gäbe es noch eine dritte Anwendung der einfachen Vergangenheit:

9. They **saved** for years, **booked** a round-the-world cruise, **packed** their cases, **got on** the train to Southampton, and **read** in the paper that the shipping company had gone bankrupt.	*Sie sparten jahrelang, buchten eine Schiffsreise rund um die Welt, stiegen in den Zug nach Southampton ein und lasen in der Zeitung, dass die Schifffahrtsgesellschaft in Konkurs gegangen war.*

Die einfache Vergangenheit verwendet man auch dann, wenn man eine Reihenfolge von Ereignissen oder Handlungen beschreiben will (9)

Eine Reihenfolge erkennt man daran, dass man im Deutschen das Wort „dann" wiederholt einfügen könnte (z. B. *Sie sparten jahrelang, dann buchten sie eine Schiffsreise, dann stiegen sie in den Zug ein …*).

Kurz zusammengefasst:

Einfache Vergangenheit:

- wiederholte Handlungen/Ereignisse (1 – 3)
- abgeschlossene Einzelhandlungen o. Ä. (6 – 8)
- Reihenfolge von Handlungen/Ereignissen (9)

1.2.3 Die Bildung der -*ing*-Form der Vergangenheit

Im Kapitel über die Gegenwart haben wir auf Seite 13 eine Liste von Verben angegeben, die vorwiegend in der einfachen Form erscheinen (*exist, belong, contain* usw.). Diese Liste gilt ebenso für die Vergangenheit, deshalb sollten Sie sich diese Verben noch einmal vor Augen führen, bevor Sie sich mit der -*ing*-Form der Vergangenheit befassen.

Ebenfalls im ersten Kapitel haben wir Sie in die Bildung der -*ing*-Form eingeweiht. Hier können Sie diese Form nun wieder einmal nutzbringend anwenden:

1. Pity we have to move – I **was** just **starting** to get used to this place.	*Schade, dass wir wegziehen müssen – ich fing gerade an, mich an diese Stadt zu gewöhnen.*

Die -*ing*-Form der Vergangenheit wird gebildet aus *was/were* + -*ing*-Form (1).

1.2.4 Der Gebrauch der -*ing*-Form der Vergangenheit

So wie in der Gegenwart hat die -*ing*-Form auch in der Vergangenheit eine Reihe von Anwendungsmöglichkeiten:

1. – What **were** you **doing** when the explosion occurred?	– *Was machten Sie gerade, als sich die Explosion ereignete?*
– I **was cooking** dinner as a surprise for my wife.	– *Ich kochte das Abendessen als Überraschung für meine Frau.*
2. To think that this time last week we **were sitting** on a beach in the Bahamas.	*Wenn man sich überlegt, dass wir letzte Woche um diese Zeit (noch) am Strand auf den Bahamas saßen!*

Die -*ing*-Form der Vergangenheit wird verwendet, um etwas zu beschreiben, das zu einem Zeitpunkt in der Vergangenheit gerade ablief oder im Gange war (1, 2).

! Im Deutschen kann man in solchen Fällen meistens das Wort „gerade“ hinzufügen.

3. Air fares **were getting** more and more expensive.	*Die Flugpreise wurden immer teurer.*
4. Alice **was learning** to hang-glide.	*Alice lernte Drachenfliegen.*

Die *-ing*-Form der Vergangenheit beschreibt auch allmähliche Entwicklungen bzw. noch nicht abgeschlossene Handlungen (3, 4).

Manchmal kommt die *-ing*-Form in einem einzelnen Satz mehrmals vor, wie im folgenden Beispiel:

5. Victoria **was doing** her keep-fit exercises, Geoffrey **was hoovering**, Edward **was practising** the piano, Chris **was playing** a noisy computer game – and I **was** desperately **trying** to catch up on some sleep.	*Victoria war gerade bei ihren Fitnessübungen, Geoffrey beim Staubsaugen, Edward übte Klavier, Chris spielte ein lautes Computerspiel – und ich versuchte verzweifelt, ein bisschen Schlaf nachzuholen.*

Die *-ing*-Form der Vergangenheit wird auch verwendet, um verschiedene Handlungen zu beschreiben, die gerade gleichzeitig abliefen (5).

! Stellen Sie sich eine solche Szene so vor wie einen dieser modernen Fernsehbildschirme, auf denen Sie in mehreren Ausschnitten gleichzeitig verschiedene Programme sehen können.

Kurz zusammengefasst:

-ing-Form der Vergangenheit:
- gerade ablaufende Handlung (1, 2)
- allmähliche Entwicklung (3), noch nicht abgeschlossene Handlung (4)
- parallel ablaufende Handlungen (5)

Abschließend eine Verwendung der *-ing*-Form der Vergangenheit, die zwar etwas schwierig, aber dennoch typisch für die *-ing*-Form insgesamt ist:

6. I **was wondering** if you'd like to come to the party with me.	*Na ja, ich wollte dich fragen, ob du vielleicht mit mir zur Party gehen möchtest.*
7. I **was talking** to Darlene last night.	*Übrigens – ich habe gestern Abend mit Darlene gesprochen.*
8. We **were thinking** of calling him "Brian".	*Wir dachten, wir nennen ihn „Brian".*

Die *-ing*-Form der Vergangenheit wird verwendet, um eine gewisse Zurückhaltung, Indirektheit oder Beiläufigkeit auszudrücken (6 – 8).

1.2.5 Einfache Form und *-ing*-Form der Vergangenheit im Vergleich

Nun zu Sätzen, in denen beide Vergangenheitsformen erscheinen:

1. When Gregory **arrived**, everyone **was running** out of the house screaming.	*Als Gregory ankam, rannten alle gerade schreiend aus dem Haus.*
2. I suddenly **realized** I **was sitting** in the wrong train.	*Plötzlich merkte ich, dass ich im falschen Zug saß.*

Erscheinen beide Vergangenheitsformen im selben Satz, beschreibt die *-ing*-Form eine Handlung, die bereits im Gange war, als eine neue (in der einfachen Vergangenheit) hinzu- oder dazwischenkam (1) bzw. als etwas Neues erkannt wurde (2).

Um Ihnen diese wichtige Regel besser verständlich zu machen, wollen wir die *-ing*-Form im ersten Beispielsatz durch die einfache Vergangenheit ersetzen:

3. When Gregory **arrived**, everyone **ran** out of the house screaming.	*Als Gregory ankam, rannten (dann) alle schreiend aus dem Haus.*

In Beispiel 1 war die Flucht aus dem Haus bereits im Gange (deswegen die *-ing*-Form), als Gregory ankam (abgeschlossene Handlung, einfache Vergangenheit). Er hatte also nichts mit dem panikartigen Aufbruch zu tun.

In Beispiel 3 ist Gregory selbst der Auslöser der allgemeinen Flucht. Das sieht man daran, dass beide Verben in der einfachen Vergangenheit erscheinen und somit aufeinander folgende Ereignisse wiedergeben (Reihenfolge): Erst als Gregory auftaucht, rennen alle schreiend aus dem Haus!

1.3 Einfache Vergangenheit und *Present Perfect*

Für viele Deutsch Sprechende ist dieser Teil der englischen Grammatik der größte Stolperstein überhaupt, denn die Verwechslung zwischen dem deutschen Perfekt *(ich habe sie angerufen)* und dem *Present Perfect* im Englischen (*I have phoned her*) drängt sich geradezu auf. Nur selten ist aber eine solche wortwörtliche Übersetzung richtig.

Während im Deutschen – trotz regionaler und stilistischer Unterschiede im Gebrauch – das Perfekt *(ich habe angerufen)* und das Imperfekt *(ich rief an)* praktisch austauschbar sind, wird im Englischen zwischen dem *Present Perfect* (*I have phoned*) und der einfachen Vergangenheit (*I phoned*) streng unterschieden. Der Klarheit halber verwenden wir in diesem Kapitel die englische Bezeichnung *Present Perfect*, da es für diese Zeit keine genaue Entsprechung im Deutschen gibt und das deutsche Perfekt auf keinen Fall mit dem *Present Perfect* gleichgesetzt werden kann.

1.3.1 Die Bildung des *Present Perfect*

1. She **has decided** to become a nun.	*Sie hat beschlossen Nonne zu werden.*
2. **I've** never **seen** her before in all my life.	*Ich habe sie noch nie in meinem ganzen Leben gesehen.*
3. They **haven't been** abroad before.	*Sie waren noch nie im Ausland.*

Das *Present Perfect* wird zusammengesetzt aus *have/has + Past Participle* (1–3).

Das *Past Participle* von regelmäßigen Verben ist mit der Form der einfachen Vergangenheit identisch:

- *-ed* wird an die Grundform des Verbs angehängt (Ausnahmen siehe S. 15–16)[1].
- Abgekürzte Formen sind beim *Present Perfect* sehr gebräuchlich (*I've, you've, we've, they've; he's, she's, it's*) (2).
- Die verneinte Form lautet meistens *haven't* bzw. *hasn't + Past Participle* (3)[2].

1.3.2 Der Gebrauch von einfacher Vergangenheit und *Present Perfect*

Wann gebraucht man die einfache Vergangenheit und wann das *Present Perfect*?

1. As a concert pianist Claire **visited** thirteen countries.	*Als Konzertpianistin hat Claire (insgesamt) dreizehn Länder besucht.*

[1] Das *Past Participle* der unregelmäßigen Verben finden Sie in der Tabelle auf S. 157–158;
[2] Genaueres zu Frage und Verneinung in Kapitel 1.14, S. 88 ff.

2. As a concert pianist Claire **has visited** thirteen countries.	*Als Konzertpianistin hat Claire (bisher) dreizehn Länder besucht.*

Im ersten Beispiel hat Claire als Konzertpianistin ausgespielt: Dreizehn Länder hat sie während ihrer nunmehr abgeschlossenen aktiven Zeit als Musikerin besucht. Diese Zahl ist endgültig und wird sich nicht mehr ändern.

Die einfache Vergangenheit beschreibt Vorgänge und Handlungen, die in der Vergangenheit liegen und keinen direkten Bezug mehr zur Gegenwart haben. Sie gehören der Vergangenheit an, sind abgehakt und unveränderlich (1).

! Es ist dabei egal, ob im Deutschen das Imperfekt (*besuchte*) oder das Perfekt (*hat besucht*) steht!

Im zweiten Beispiel hat Claire bisher dreizehn Länder besucht, es können aber durchaus noch andere Länder dazukommen, denn sie steht mitten in ihrer erfolgreichen Karriere.

Das *Present Perfect* setzt das Verb in Bezug zur Gegenwart: Es bildet eine Brücke zwischen Vergangenheit und Gegenwart (2).

! Wenn man im Deutschen „bisher, bis jetzt, bis zu diesem Augenblick“ oder „schon“ hinzufügen kann, nimmt man im Englischen das *Present Perfect*.

Noch ein paar Beispiele für das *Present Perfect*:

3. **I've answered** seven of the twenty complaints. I'll do the rest on Monday.	*Ich habe (bisher) auf sieben der zwanzig Beschwerden geantwortet. Die übrigen erledige ich am Montag.*
4. **Have** you **ironed** my blouse yet, David?	*Hast du meine Bluse schon gebügelt, David?*

Kurz zusammengefasst:

- „abgeschlossene“ Handlungen: einfache Vergangenheit (1)
- Bezug zur Gegenwart: *Present Perfect* (2 – 4)

1.3.3 „Signalwörter"

Um Ihnen bei der richtigen Wahl der Zeitform zu helfen, nennen wir einige so genannte „Signalwörter", die oft in Verbindung mit einer dieser beiden Zeitformen erscheinen:

Einfache Vergangenheit: bestimmte Zeit in der Vergangenheit		**Present Perfect:** Brücke zur Gegenwart	
yesterday	*gestern*	**up to now, until now, till now**	*bisher, bis jetzt*
last night	*letzte Nacht, gestern Abend*	**so far**	*bisher*
last week *usw.*	*letzte Woche* usw.	**yet**[1] (in verneinten Sätzen: **He hasn't told her yet.**)	*noch nicht*
in March	*im März*	**yet**[1] (in Fragen: **Has he told her yet?**)	*schon*
in 1066	*(im Jahr) 1066*		
in the morning *usw.*	*am Morgen* usw.	**lately, of late**	*in letzter Zeit*
at 5 o'clock	*um 5 Uhr*		
at midnight	*um Mitternacht*		
at Christmas *usw.*	*zu Weihnachten* usw.		
on Tuesday	*am Dienstag*		
on May 1st *usw.*	*am 1. Mai* usw.		
a week **ago**	*vor einer Woche*		
two years **ago** *usw.*	*vor zwei Jahren* usw.		
just then	*gerade eben*		
when	*als,* (in Fragen) *wann*		

[1] besonders im Amerikanischen auch in der einfachen Vergangenheit möglich

1.3.4 Einfache Vergangenheit und *Present Perfect* im Vergleich

Schön wär's natürlich, wenn diese hilfreichen Signalwörter in jedem Satz erschienen. Was macht man aber, wenn keine solchen Hilfen vorhanden sind? Sehen wir uns ein paar weitere typische Beispiele an, die den unterschiedlichen Gebrauch der einfachen Vergangenheit und des *Present Perfect* verdeutlichen:

1. Saint Paul **wrote** a large number of letters.	*Paulus hat eine große Anzahl von Briefen geschrieben.*

Da Paulus ja im ersten Jahrhundert lebte, haben wir es eindeutig mit der weit zurückliegenden Geschichte zu tun, und dies bestimmt die Zeitform, nämlich die einfache Vergangenheit.

Das Ereignis muss allerdings nicht so weit zurückliegen wie die Zeit des Römischen Reichs, um schon „Geschichte" zu sein:

2. In his films, Charlie Chaplin **made** people laugh and cry.	*In seinen Filmen brachte Charlie Chaplin die Zuschauer zum Lachen und zum Weinen.*

Obwohl diese Filme heute noch gern gesehen werden, ist es eine Tatsache, dass Charlie Chaplin im Jahre 1977 gestorben ist. Sein Beitrag zum Kino gehört also bereits der Geschichte an.

Die einfache Vergangenheit wird bei Ereignissen verwendet, die der Geschichte (im weitesten Sinne des Wortes) angehören (1, 2).

Jetzt wird's etwas weniger „historisch":

3. – What **did** she **say**? – She **told** me to clear my desk out and leave.	*– Was hat sie gesagt?* *– Sie sagte, ich solle meinen Schreibtisch räumen und gehen.*

Obwohl die hier beschriebene unerwartete Kündigung einen höchst dramatischen Einschnitt im Leben des Betroffenen darstellt, kann man sie kaum als „geschichtliches Ereignis" bezeichnen. Sie gehört aber trotzdem der „Geschichte" an, denn sie ist passiert und nicht mehr rückgängig zu machen.

Bei Ereignissen, Vorgängen und Handlungen, die erst kürzlich stattgefunden haben, verwendet man die einfache Vergangenheit, vorausgesetzt, der Sprecher bzw. Berichterstatter betrachtet sie als in der Vergangenheit abgeschlossen (3).

! Stellen Sie sich vor, das Ereignis wurde von jemandem mit der Kamera festgehalten. Man blickt darauf zurück, so wie man sich einen Sofortbildabzug ansehen würde.

Im folgenden Satz hat sich die Perspektive nun geändert:

4. I**'ve been** fired.	*Ich bin gefeuert worden!*

Der nunmehr arbeitslose Büroangestellte teilt inzwischen dem Barkeeper die traurige Nachricht mit. Er berichtet zwar vom selben Ereignis, diesmal steht aber die Kündigung mit ihren Auswirkungen für die Gegenwart im Vordergrund. Sie ist für den Betroffenen momentan Thema Nr. 1.

Steht bei einem Vorgang aus der Vergangenheit das Ergebnis und dessen Einfluss auf die Gegenwart im Vordergrund, so verwendet man das *Present Perfect* (4).

Aber:	5. I **was** fired an hour ago, and I'm scared to go home and tell my wife.	*Ich wurde vor einer Stunde gefeuert, und ich habe Angst, nach Hause zu gehen und es meiner Frau zu sagen.*

Erscheint im Satz ein Signalwort für die einfache Vergangenheit (siehe Tabelle auf S. 23; hier: *ago*), muss man diese Zeitform nehmen (5).

Schwierig sind natürlich gerade die Fälle ohne Signalwort:

6. I almost **didn't recognize** you.	*Ich habe dich (vorhin) fast nicht erkannt.*
7. Which key **did** you **press**?	*Welche Taste haben Sie (da eben) gedrückt?*

Seit die Taste im Beispiel 7 gedrückt wurde, sind zwar erst Sekunden vergangen, jedoch ist für den Fragenden die Betätigung der Taste eindeutig in der Vergangenheit fixiert – so wie mit der Kamera festgehalten.

Wenn man im Deutschen „damals", „vorhin" oder „da gerade/da eben" hinzufügen kann, verwendet man im Englischen die einfache Vergangenheit (6, 7).

Kurz zusammengefasst:

- Geschichte/in der Vergangenheit fixiert: einfache Vergangenheit (1–3, 5–7)
- Auswirkung auf die Gegenwart: *Present Perfect* (4)

Ein letzter Vergleich – diesmal mit Zeitangaben – macht den Unterschied zwischen diesen beiden Zeitformen noch einmal ganz deutlich:

8. I **didn't get round** to reading the paper **this morning**.	*Ich bin heute Morgen nicht dazu gekommen, die Zeitung zu lesen.*
9. I **haven't had** a minute to myself **this morning**.	*Ich habe den ganzen Morgen keine ruhige Minute gehabt!*

Mit Zeitangaben wie *this morning, this week* usw. wird die einfache Vergangenheit gebraucht, wenn der Zeitraum bereits abgeschlossen ist (der Satz im Beispiel 8 wird nachmittags oder abends gesagt).

Das *Present Perfect* wird verwendet, wenn der Zeitraum noch nicht abgeschlossen ist (der Satz im Beispiel 9 wird noch am Vormittag geäußert – man könnte im Deutschen auch „bisher" hinzufügen).

1.3.5 *for* und *since*

Der deutsche Ausdruck „seit" hat im Englischen zwei mögliche Übersetzungen: *for* und *since*. Da dies eine häufige Fehlerquelle für deutschsprachige Englischlernende ist, wollen wir uns den unterschiedlichen Gebrauch näher ansehen:

1. My wife **hasn't spoken** to me **for 3 weeks** now.	*Meine Frau hat seit 3 Wochen kein Wort mit mir geredet!*
2. Life has been pretty quiet **since** she **lost** her voice.	*Das Leben ist ziemlich ruhig, seit sie ihre Stimme verloren hat.*

Folgende Übersicht zeigt Ihnen, wann *for* und wann *since* zur Anwendung kommt:

Angabe der Zeitdauer meist durch eine Konstruktion mit *a/an* bzw. einer Zeitangabe im Plural (-*s*) (1): ***for*** Zeitdauer	Genaue Angabe eines Zeitpunkts, einer Handlung bzw. eines Ereignisses (2): ***since*** Zeitpunkt
for **an** hour	since 3 o'clock
for **a** month	since last night
for **a** while	since August
for three week**s**	since 1990
for centurie**s**	since I left school
for age**s**	since he last came

! *Since* wird bei einem Zeitpunkt verwendet – denken Sie also an den Punkt auf dem i.

Beachten Sie aber, dass sowohl die einfache Vergangenheit als auch das *Present Perfect* in den mit *since* eingeleiteten Teilsätzen stehen können: Die bisher angeführten Regeln gelten auch hier!

1.3.6 Weitere Verwendungen des *Present Perfect*

Manchmal kommt es nicht darauf an, wann etwas geschehen ist, sondern dass es überhaupt schon mal geschah:

1. **I've been** to better parties.	*Ich habe schon bessere Partys erlebt!*
2. – Have you still got to go to the bank?	*– Musst du noch auf die Bank?*
– No, **I've been** already.	*– Nein, ich war schon.*
3. **Have** you ever **been** to California?	*Waren Sie schon mal in Kalifornien?*

Wenn es unwichtig oder irrelevant ist, wann etwas in der Vergangenheit geschehen ist, verwendet man das *Present Perfect.*

Im Deutschen kann man oft „schon (ein)mal", „irgendwann einmal" oder einfach „schon" hinzufügen (1–3).

Oft steht der deutsche Satz in solchen Fällen im Imperfekt (2, 3).

Wir kommen zur letzten Anwendungsmöglichkeit des *Present Perfect*:

4. We**'ve lived** in this house since we got married.	*Wir wohnen in diesem Haus, seit wir verheiratet sind.*
5. **I've been clearing** out the attic since 7 o'clock this morning, and I'm not even halfway through.	*Ich räume (schon) seit heute Morgen um sieben den Dachboden aus und habe nicht einmal die Hälfte geschafft.*

Das *Present Perfect* wird auch für Zustände oder Vorgänge verwendet, die in der Vergangenheit begonnen haben und bis in die Gegenwart hineinreichen (4, 5).

Wenn der Vorgang in der Gegenwart noch andauert, nimmt man oft die *-ing*-Form des *Present Perfect* (*have/has been + -ing*-Form), besonders wenn die Aussage emotional „geladen" ist (5).

1.4 Das *Past Perfect*

Jetzt bewegen wir uns um eine Zeitstufe zurück, aber nicht rein zeitlich, sondern nur in der Perspektive. Das Wichtigste gleich vorweg: Das englische *Past Perfect* bezieht sich nicht, wie oft vermutet, auf Ereignisse, die vor sehr langer Zeit stattfanden. Für solche Fälle reicht die einfache Vergangenheit allemal:

1. Napoleon **died** in 1821.	*Napoleon starb 1821.*

1.4.1 Die Bildung des *Past Perfect*

1. I **had** written	3. we **had** heard
2. she **had** replied	4. they **had** suggested

Das *Past Perfect* wird zusammengesetzt aus *had + Past Participle* (1 – 4).

1.4.2 Der Gebrauch des *Past Perfect*

In der Regel wird das *Past Perfect* verwendet, um zwei Ereignisse in eine zeitliche Beziehung zueinander zu setzen. Sehen Sie sich die folgenden Sätze an:

1. His girlfriend left the café. Then he turned up for their date.	*Seine Freundin verließ das Café. Dann erschien er zum Rendezvous.*

Man könnte das auch anders ausdrücken:

2. His girlfriend **had** already **left** the café when he turned up for their date.	*Seine Freundin hatte das Café schon verlassen, als er zum Rendezvous erschien.*

Das *Past Perfect* wird verwendet, um einen Vorgang o. Ä. zu beschreiben, der vor einem bestimmten Zeitpunkt in der Vergangenheit schon abgeschlossen war (2).

In solchen Fällen entspricht dieser Gebrauch genau dem des Plusquamperfekts im Deutschen (z. B. *ich war gegangen, er hatte gelesen* usw.) und ist insofern für Deutsche völlig unproblematisch:

3. I **had hoped** the boss wouldn't be at the party.	*Ich hatte gehofft, dass der Chef nicht auf der Party sein würde!*

Nun aber ein paar Beispiele für das *Past Perfect* im Englischen, die nicht mit dem Plusquamperfekt im Deutschen identisch sind, da im Deutschen hier meistens der Konjunktiv verwendet wird:

4. She asked me where I **had been**.	*Sie fragte mich, wo ich gewesen sei.*

Das *Past Perfect* wird in der indirekten Rede[1] verwendet, wenn die gesprochene direkte Rede im *Present Perfect* oder in der einfachen Vergangenheit gestanden hätte (4).

Noch ein wichtiger Unterschied im Gebrauch:

5. If you **had asked** me I would have told you.	*Wenn du mich gefragt hättest, hätte ich es dir gesagt.*

Das *Past Perfect* wird bei *if*-Sätzen Typ 3[2] verwendet (5).

Das war noch nicht alles:

6. She looked as if she **had** just **seen** a ghost.	*Sie sah aus, als hätte sie gerade ein Gespenst gesehen.*

Das *Past Perfect* wird bei Sätzen mit *as if* („als ob") verwendet (entsprechend dem deutschen „hätte" bzw. „wäre" usw.) (6).

Und schließlich:

7. I wish I **had asked** for her phone number.	*Ich wünschte, ich hätte sie nach ihrer Telefonnummer gefragt!*
8. If only he **had asked** me for my phone number.	*Wenn er mich nur nach meiner Telefonnummer gefragt hätte!*

Das *Past Perfect* wird verwendet bei Sätzen, die mit *I wish* bzw. *if only* eingeleitet werden (und die Bedauern über etwas Vergangenes ausdrücken) (7, 8).

1.4.3 Die Bildung der *-ing*-Form des *Past Perfect*

Auch das *Past Perfect* tritt in der *-ing*-Form auf:

1. They **had been drinking** all night.	*Sie hatten die ganze Nacht durchgezecht.*

Die *-ing*-Form des *Past Perfect* wird gebildet aus *had been* + *-ing*-Form (1).

[1] vgl. Kapitel 1.11, S. 75 ff.; [2] vgl. Kapitel 1.9, S. 59.

1.4.4 Der Gebrauch der *-ing*-Form des *Past Perfect*

Ein paar Beispiele für die Verlaufsform des *Past Perfect*:

1. I **had been talking** to him for half an hour when I realized he wasn't Mr Bell.	*Ich hatte fast eine halbe Stunde mit ihm geredet, als ich plötzlich merkte, dass er gar nicht Mr. Bell war.*
2. Things **had been going** from bad to worse.	*Die Lage hatte sich zusehends verschlechtert.*

Die *-ing*-Form des *Past Perfect* drückt aus, dass ein Vorgang zu einem bestimmten Zeitpunkt in der Vergangenheit schon angefangen hatte und noch andauerte (1, 2).

Auch diese Form wird in der indirekten Rede verwendet:

3. She asked me what I **had been doing** at Alcatraz.	*Sie fragte mich, was ich auf Alcatraz gemacht hatte.*

Die *-ing*-Form des *Past Perfect* wird in der indirekten Rede verwendet, wenn die gesprochene direkte Rede in der *-ing*-Form des *Present Perfect* gestanden hätte[1] (3).

1.5 Die Zukunftsformen

Die englische Sprache hat eine ganze Palette von Möglichkeiten anzubieten, wenn es darum geht, Zukünftiges auszudrücken. Wir werden sie im Folgenden Schritt für Schritt behandeln.

1.5.1 Die Bildung der Formen der einfachen Zukunft

Für die einfache Zukunft gibt es – trotz dieser Bezeichnung – gleich fünf verschiedene Ausdrucksmöglichkeiten, die im folgenden Schema aufgeführt werden:

[1] vgl. Kapitel 1.11, S. 75

1.	***will*-Zukunft**	We'**ll be** there.	***will/shall*** (oft ***'ll***) **+ Grundform des Verbs**
2.	***be going to***	He's **going to get** married again.	***am/are/is going to*** **+ Grundform des Verbs**
3.	***-ing*-Form in der Gegenwart**	I'**m staying** in tonight.	***am/are/is*** **+ *-ing*-Form**
4.	**einfache Gegenwart**	They **arrive** at Frankfurt at 7.15 p.m.	zur Bildung vgl. Kapitel 1.1, S. 7 ff.
5.	***-ing*-Form in der *will*-Zukunft**	He'**ll be going** shopping later – he can get us a paper.	***will/shall*** (oft ***'ll***) **+ *be* + *-ing*-Form**

Dazu noch ein paar kleine Tipps, die Sie sich schnell merken können:

- *Will* wird meist zu *'ll* verkürzt:
  She will be there tonight → She'll be there tonight.
- Die verneinte Form *will not* wird fast immer zu *won't* verkürzt.
- *Shall* wird hauptsächlich nach *I* oder *we* verwendet. Es ist eine stilistisch gehobenere Alternative zu *will*. Die verneinte Form lautet *shan't*.

Nun aber zurück zu den oben aufgeführten Formen. Fragt man einen Muttersprachler nach dem „*future tense*" von *to send*, sagt er mit ziemlicher Sicherheit *will send*. Aber auch wenn die *will*-Zukunft rein statistisch die geläufigste Zukunftsform im Englischen bildet, so ist diese Form dennoch keine „Universalform", wie manchmal behauptet wird. Im Gegenteil: Der Hauptfehler der Deutschsprachigen bei Zukunftsformen im Englischen ist die zu häufige Verwendung von *will*! Aber mehr dazu später.

Ein weiterer wichtiger Tipp: Der Gebrauch der 4. Möglichkeit (einfache Gegenwart mit Zukunftsbedeutung) ist wesentlich eingeschränkter als im Deutschen – auch dazu später mehr.

Etwas verständlicher wird die Verwendung der verschiedenen Formen, wenn man Zukunftsaussagen in zwei allgemeine Bereiche aufteilt:

- Vorhersage/Vermutung (Was wird geschehen?)
- Vorhaben (Was wollen wir eigentlich machen?)

Wichtig ist, dass man erkennt, um was für eine Aussage über die Zukunft es sich handelt (wir nennen das später die „Sprechabsicht").

1.5.2 Voraussagen/Vermutungen

1. In five years' time you **won't have** any hair left.	*In fünf Jahren wirst du keine Haare mehr auf dem Kopf haben.*
2. We'**ll** never **make** it.	*Das schaffen wir doch nie!*
3. I bet she'**ll be** surprised.	*Sie wird überrascht sein – wetten?*
4. He'**ll end up** in the gutter one of these days.	*Eines Tages landet er noch in der Gosse.*
5. **I'll be glad** to get home.	*Ich werde froh sein, wenn ich wieder zu Hause bin!*

Die *will*-Zukunft wird bei ganz allgemeinen Vorhersagen und Vermutungen gebraucht (1–5).

Oft wird lediglich die Meinung des Sprechers ausgedrückt (z. B. 2).

Bei Prophezeiungen anderer Art sind hellseherische Fähigkeiten weniger erforderlich:

6. It looks as if she'**s going to hit** him!	*Es sieht so aus, als wollte sie ihn schlagen!*
7. You'**re going to hurt** yourself if you're not careful.	*Du tust dir noch weh, wenn du nicht aufpasst!*
8. I think I'**m going to sneeze.**	*Ich glaube, ich muss gleich niesen.*

Die *be going to*-Form verwendet man, wenn sich die betreffende Person so gut wie sicher ist, dass etwas tatsächlich eintreten wird (6–8). Etwas ist sozusagen schon vorprogrammiert, es bahnt sich an, man sieht es kommen.

Kurz zusammengefasst:

- allgemeine Voraussage: *will* (1–5)
- sichere Prognose: *be going to* (6–8)

Schließlich gibt es Vorhersagen, die kaum als solche zu bezeichnen sind, sondern eher als Angaben zum normalen, vorgesehenen Verlauf einer Handlung:

9. We'**ll be landing** in a few minutes.	*In wenigen Minuten landen wir.*
10. It's 11 o'clock, dear – he **won't be coming** now.	*Es ist schon 23 Uhr, Schätzchen, jetzt kommt er bestimmt nicht mehr.*

Die *-ing*-Form *der will*-Zukunft wird für Vorhersagen verwendet, bei denen etwas ohnehin Vorgesehenes eintritt (9).

Gelegentlich verwendet man diese Form, um eher unerfreuliche Prognosen weniger hart (10) oder um eine Frage höflicher erscheinen zu lassen.

Nun zum zweiten großen Zukunftsbereich:

1.5.3 Absicht, Plan, Vereinbarung

Bei der ganz spontanen Reaktion auf eine gegebene Situation kommt im Englischen nur eine Zukunftsform infrage:

1. Don't worry – **I'll fix** it.	*Keine Angst – ich reparier das schon!*
2. I think **I'll have** a red wine for a change.	*Ich glaube, ich nehme zur Abwechslung mal einen Rotwein.*

Bei spontanen, nicht vorher überlegten Absichtserklärungen verwendet man die *will*-Zukunft (1, 2). Logischerweise erscheint dieser Gebrauch fast immer in Verbindung mit *I* oder *we*.

Leider ist aber in unserer heutigen Zeit nicht alles so spontan – so manche Absichtserklärung ist das Produkt stundenlanger Überlegung:

3. Right, I've made up my mind – **I'm going to hand in** my notice tomorrow!	*So, jetzt habe ich mich entschieden – morgen werde ich kündigen!*
4. **I'm going to wring** his neck when I see him.	*Sobald ich ihn erwische, dreh ich ihm den Hals um!*

Bei vorher überlegten Entscheidungen verwendet man *be going to* (3).

Oft wird mit dieser Form die Entschlossenheit des Handelnden zum Ausdruck gebracht (4).

Kurz zusammengefasst:

- spontane Entscheidung: *will* (1, 2)
- vorher überlegt: *be going to* (3, 4)

Bei der nächsten Zukunftsform stehen die für unser hektisches Zeitalter so typischen Termine und festen Vereinbarungen im Vordergrund:

5. Meet for a meal? Well, next week **I'm attending** a conference in Florence, the week after that **I'm going** to an exhibition in San Francisco, and then **I'm giving** a talk in Honolulu. But there's a lovely little snack bar at Heathrow Airport …
Zusammen essen gehen? Hm, nächste Woche nehme ich an einem Kongress in Florenz teil, in der darauf folgenden Woche besuche ich eine Ausstellung in San Francisco, und dann halte ich einen Vortrag in Honolulu. Es gibt da aber eine reizende kleine Snackbar am Flughafen Heathrow …

Mit der *-ing*-Form in der Gegenwart werden bereits festgelegte Pläne oder Vereinbarungen ausgedrückt (5). Meist erscheint dabei eine Zeitangabe oder ein Fragewort der Zeit (*when* usw.) im Satz, durch die deutlich wird, dass es sich um die Zukunft und nicht um die Gegenwart handelt.

Wenn Sie in diesem letzten Abschnitt die Regeln für *be going to* (vorher überlegt) mit denen für die *-ing*-Form der Gegenwart (fest geplant/vereinbart) vergleichen, ist es klar, dass diese beiden Formen oft praktisch austauschbar sind. Der wesentliche Unterschied zwischen den beiden Formen bleibt aber in solchen Fällen wie den folgenden bestehen:

6. Where **are you going to meet** him? — *Wo triffst du dich mit ihm?*
7. Where **are you meeting** him? — *Wo triffst du dich mit ihm?*

Bei *be going to* wird die Absicht des Handelnden stärker betont (6), bei der *-ing*-Form der Gegenwart rückt die feste Vereinbarung in den Vordergrund (7).

Wie anfangs erwähnt, wird die einfache Gegenwart mit Zukunftsbedeutung im Englischen seltener verwendet als im Deutschen. Sie erscheint – wie im Deutschen – in Sätzen folgender Art:

8. The Prime Minister **arrives** in York at 3 p.m. — *Der Premierminister kommt um 15 Uhr in York an.*
9. The library **closes** at midday today for renovation work. — *Wegen Renovierungsarbeiten schließt die Bibliothek heute bereits um 12.00 Uhr.*

Bei Terminen und Zeiten, die meist von anderen Personen oder beispielsweise offiziell festgelegt wurden, wird die einfache Gegenwart verwendet (8, 9).

Es handelt sich dabei oft um Abfahrts- und Ankunftszeiten, Geburtstage, Feiertage, Öffnungszeiten usw.

! Machen Sie nicht den weit verbreiteten Fehler, die einfache Gegenwart im Deutschen mit der einfachen Gegenwart im Englischen zu übersetzen. Dies ist relativ selten möglich.

Kurz zusammengefasst:

- feste Pläne/Vereinbarungen: *-ing*-Form der Gegenwart (5, 7)
- offiziell/durch „höhere Instanz“ festgelegt: einfache Gegenwart (8, 9)

Schließlich gibt es noch die *-ing*-Form der *will*-Zukunft:

10. He**'ll be ringing back** in about five minutes.	*Er ruft in etwa fünf Minuten zurück.*
11. We**'ll be seeing** Jeremy at the weekend, so we'll pass his hearing aid on to him.	*Wir sehen Jeremy (sowieso) am Wochenende – da können wir ihm sein Hörgerät geben.*

Wenn betont werden soll, dass etwas ohnehin so vorgesehen ist, verwendet man die *-ing*-Form der *will*-Zukunft (10, 11).

Im Deutschen würde man oft das Wort „sowieso“ hinzufügen.

Oft hat die *-ing*-Form der *will*-Zukunft eine abschwächende Wirkung:

12. I'm afraid you **won't be working** for us any longer.	*Wir werden Sie leider nicht weiterbeschäftigen können.*
13. We**'ll be saying** goodbye now.	*Dann werden wir uns wohl verabschieden.*

Die *-ing*-Form der *will*-Zukunft wird oft aus Höflichkeitsgründen verwendet. Sie lässt die Aussage oder Frage weniger hart, weniger direkt, zurückhaltender klingen (12, 13).

Diese beiden Verwendungen noch einmal zusammengefasst:

-ing-Form der *will*-Zukunft:

- wenn etwas „sowieso“ vorgesehen ist (10, 11)
- zur Abmilderung einer Aussage (12, 13)

Noch einmal das Wichtigste in einer Übersichtstabelle:

Sprechabsicht	Zukunftsform	Gebrauchs-einschränkungen
Vorhersage/ Vermutung	Allgemeine Vorhersage/ Vermutung ***will*-Zukunft** You**'ll be** all right in a few moments.	oft mit einer Zeitangabe verwendet
	Etwas bahnt sich an, man sieht es kommen: ***be going to*** Look, he**'s going to slip** on that banana skin.	
Absicht, Plan, Vereinbarung	Spontane Absichtserklärung: ***will*-Zukunft** **I'll tell** Mum what you said.	bei Aussagesätzen fast immer ***I'll …*** bzw. ***We'll …***
	Beabsichtigter Plan, Entschluss zur Handlung: ***be going to*** **I'm going to give up** smoking – again.	
	Festgelegte Vereinbarung: ***-ing*-Form der Gegenwart** She**'s leaving** for the Antarctic on Tuesday.	meist mit einer Zeitangabe im Satz
	(Von anderen, durch „höhere Instanz") festgelegter und meist unabänderlicher Termin: **einfache Gegenwart** The office **opens** again on March 15th.	fast immer mit einer Zeitangabe im Satz

Sprechabsicht	Zukunftsform	Gebrauchseinschränkungen
Absicht, Plan, Vereinbarung	Ohnehin schon vorgesehene, geplante Handlung: ***-ing*-Form der *will*-Zukunft** This is where you**'ll be sleeping**.	
	Höfliche Anfrage/Aussage: ***-ing*-Form der *will*-Zukunft** **Will you be needing** me again tonight, sir?	

1.5.4 Allgemeines zur *will*-Zukunft

Sehen wir uns zunächst das Wort „wenn“ an (dem wir im Kapitel 1.9, S. 58 ff. mehr Aufmerksamkeit widmen):

1. If he **says** no, **will** you **marry** me? — *Wenn er Nein sagt, heiratest du mich dann?*

Bei *if*-Sätzen vom Typ 1 erscheint im Hauptsatz meistens die *will*-Zukunft, im Nebensatz mit *if* – wie im Deutschen – die einfache Gegenwart (1).

Ähnlich ist es auch im folgenden Fall:

2. I**'ll pay** you back as soon as I **get** a job. — *Ich zahle es dir zurück, sobald ich eine Stelle finde.*

Auch Nebensätze mit *when, as soon as, by the time* und dergleichen (Zeitsätze) folgen dem Muster der *if*-Sätze vom Typ 1: *will*-Zukunft im Hauptsatz, einfache Gegenwart im Nebensatz (2).

Dann gibt es noch eine Verwendung der *will*-Zukunft, die verwirren kann, wenn man nicht weiß, was sich dahinter verbirgt. Denn es geht hier gar nicht um Zukünftiges:

3. She**'ll do** anything to get what she wants. — *Sie ist bereit, alles zu tun, um das zu erreichen, was sie will.*
4. Every now and then he**'ll have** an idea of his own. — *So ab und zu hat er auch einmal eine eigene Idee.*

Die *will*-Zukunft wird auch verwendet, um auf Eigenschaften oder Angewohnheiten zu deuten, die so ausgeprägt sind, dass man das Verhaltensmuster verallgemeinernd als Teil der Persönlichkeit betrachten kann (3, 4).

Hier nun eine kleine Übersicht, die verdeutlicht, wann die *will*-Zukunft nicht verwendet wird:

- bei Vorhersagen, bei denen sich etwas bereits abzeichnet oder anbahnt:
  Look at that car over there – it's going to crash!
- bei vorher überlegten Entscheidungen, bei festen Vorhaben:
  I'm getting married / I'm going to get married.
- wenn man aus Höflichkeit oder aus Taktgründen etwas nicht allzu direkt ausdrücken möchte:
  How long will your mother-in-law be staying with you?
- in Nebensätzen mit *if, when, as soon as* usw.:
  I'll call him up as soon as I get home.

1.5.5 Weitere Zukunftsformen

Kurz noch zur Verwendung der *-ing*-Form der *will*-Zukunft:

1. In a few minutes we**'ll be passing** over Paris.	*In wenigen Minuten werden wir Paris überfliegen.*

Die *-ing*-Form der *will*-Zukunft drückt auch aus, dass zu einem bestimmten Zeitpunkt in der Zukunft ein Vorgang gerade ablaufen wird (1). Meist ist eine entsprechende Zeitangabe im Satz enthalten.

Das *Future Perfect* darf hier auch nicht fehlen, auch wenn es nur relativ selten zum Einsatz kommt:

2. I**'ll have saved up** enough for a new car by the end of June.	*Bis Ende Juni werde ich genug Geld für ein neues Auto zusammengespart haben.*
3. This time next year, **I'll have been working** here for ten years.	*Nächstes Jahr um diese Zeit werde ich hier schon zehn Jahre lang gearbeitet haben.*

Das *Future Perfect* (*will/'ll have + Past Participle*) wird verwendet, um auszudrücken, dass etwas zu einem bestimmten Zeitpunkt in der Zukunft schon stattgefunden haben wird (2).

Die *-ing*-Form des *Future Perfect* (*will/'ll have been + -ing*-Form) bezeichnet den Verlauf einer noch nicht abgeschlossenen Handlung aus der Perspektive eines bestimmten Zeitpunkts in der Zukunft (3).

Beide Formen erscheinen in der Regel mit einer entsprechenden Zeitangabe.

1.6 Das Passiv

Das Passiv dient unter anderem dazu, eine Tat zu berichten, ohne unbedingt den Täter zu erwähnen: Die Aufmerksamkeit ist beim Passiv nämlich auf die Person bzw. die Sache gerichtet, der etwas „passiert“.

1.6.1 Die Bildung des Passivs

1. I **am** often **asked** how old I am.	*Ich werde oft gefragt, wie alt ich bin.*
2. We **were overtaken** by several old ladies.	*Wir wurden von mehreren alten Damen überholt.*

Das Passiv wird wie folgt gebildet:

Subjekt + Form des Verbs ***to be*** + ***Past Participle*** (1, 2)

We	were	evacuated.
Wir	*wurden*	*evakuiert.*

Gelegentlich wird statt *to be* das Verb *to get* verwendet. So hätte der erste Beispielsatz auch heißen können: *I often get asked how old I am.*

Hier einige Beispiele für das Passiv in anderen Zeitformen:

3. He **was stopped** for speeding.	*Er wurde wegen Geschwindigkeitsüberschreitung angehalten.*
4. **I've** never **been interviewed** on TV.	*Ich bin noch nie im Fernsehen interviewt worden.*
5. He **had been struck** by lightning several times before.	*Er war schon mehrmals zuvor vom Blitz getroffen worden.*

Wie am Beispiel 5 zu erkennen ist, kann der „Verursacher“ bzw. der „Täter“ durchaus genannt werden:

6. They were knocked down **by a youth** in a stolen car.	*Sie wurden von einem Jugendlichen in einem gestohlenen Wagen umgefahren.*
7. **Who** was this article written **by**?	*Von wem wurde dieser Artikel geschrieben?*

Das deutsche „von" bzw. „durch" entspricht dem englischen *by* (5, 6). In Fragen wird es meistens nachgestellt (7).

1.6.2 Das persönliche Passiv

Nun zu den unvermeidlichen Abweichungen vom Deutschen:

1. **I was taught** never to accept money from strangers.	*Man hat mir beigebracht, nie Geld von Fremden anzunehmen.*
2. **She was offered** a company car.	*Ihr wurde ein Firmenwagen angeboten.*

Hier kann man im Deutschen natürlich nicht etwa „ich wurde beigebracht" oder „sie wurde angeboten" sagen. Im Englischen ist eine solche Konstruktion aber durchaus möglich, wobei der „Betroffene" immer an erster Stelle genannt wird. Eine Reihe englischer Verben lässt im Gegensatz zum Deutschen den Gebrauch des persönlichen Passivs zu (1, 2). Hier einige der wichtigsten:

advise	*empfehlen*	**offer**	*anbieten*
allow	*erlauben*	**order**	*befehlen*
bring	*bringen*	**prescribe**	*verschreiben*
expect	*erwarten*	**promise**	*versprechen*
follow	*folgen*	**sell**	*verkaufen*
give	*geben*	**send**	*schicken*
help	*helfen*	**show**	*zeigen*
lend	*leihen*	**tell**	*sagen*

Es wird Ihnen vielleicht aufgefallen sein, dass auch das deutsche Wort „man" zur Übersetzung des englischen Passivs in den Beispielsätzen benutzt wurde. Andersherum ausgedrückt:

Die unpersönliche deutsche Konstruktion „man …" wird im Englischen sehr oft mit dem Passiv wiedergegeben (1).

1.6.3 Die *-ing*-Form im Passiv

Auch diese Form stellt einen ganz wichtigen Unterschied zum Deutschen dar:

1. **I'm being served**, thanks.	*Danke, ich werde schon bedient.*
2. The lift **was being repaired** and we had to walk up 22 flights of stairs.	*Der Lift wurde gerade repariert, und wir mussten 22 Treppen zu Fuß hinaufgehen.*

Die *-ing*-Form im Passiv ist nur in der Gegenwart (Subjekt + *am/are/is being* + *Past Participle*) und in der Vergangenheit (Subjekt + *was/were being* + *Past Participle*) geläufig (1, 2).

1.6.4 Besondere Konstruktionen im Passiv

Nun ein paar typisch englische Passivkonstruktionen:

1. I enjoy **being spoilt** by rich women.	*Ich genieße es, von reichen Frauen verwöhnt zu werden.*
2. Aren't you a bit old **to be taken** to school by your mother?	*Sind Sie nicht ein bisschen zu alt, um von Ihrer Mutter in die Schule gebracht zu werden?*
3. The noise **could be heard** for miles around.	*Der Lärm war meilenweit zu hören.*

Das englische Passiv wird auch in der *-ing*-Form als Gerundium[1] (*being* + *Past Participle*) (1), im Infinitiv mit *to* (*to be* + *Past Participle*) (2) sowie nach Hilfsverben (Hilfsverb + *be* + *Past Participle*) verwendet (3).

4. He **is believed** to have bribed some local politicians.	*Er soll einige Kommunalpolitiker bestochen haben.*
5. **There are said** to have been riots in the streets.	*Es heißt, dass es auf den Straßen zu Ausschreitungen gekommen sei.*
6. **It is feared** that more jobs will be lost.	*Es wird befürchtet, dass noch mehr Stellen abgebaut werden.*

Drei Passivkonstruktionen werden mit Verben des Sagens, Meinens und Behauptens oft verwendet (4 – 6):

• **Subjekt**	+	**Passiv**	+	**Infinitivkonstruktion**
The suspect		is known		to be staying there.

[1] vgl. Kapitel 1.7, S. 42 ff.

• ***there***	+	**Passiv**	+	**Infinitivkonstruktion**
There		are said		to have been casualties.
• ***it***	+	**Passiv**	+	***that*-Konstruktion**
It		is thought		that they will agree.

Hier eine Liste wichtiger Verben, die in diesen Konstruktionen häufig verwendet werden. Aus Platzgründen geben wir sie jeweils in der dritten der oben genannten Konstruktionen an – die anderen beiden sind aber ebenfalls möglich:

it is acknowledged	*es wird anerkannt*
it is believed	*man glaubt*
it is claimed	*es wird behauptet*
it is feared	*es wird befürchtet*
it is felt	*man meint*
it is known	*man weiß*
it is recognized	*es wird anerkannt*
it is reported	*es wird berichtet*
it is said	*man sagt*
it is supposed	*es wird vermutet*
it is thought	*man glaubt/man meint*
it is understood	*es wird angenommen*

1.7 Die -*ing*-Form als Gerundium und der Infinitiv

Die -*ing*-Form tritt wieder einmal ins Rampenlicht, und zwar in einer Form, die oft als Gerundium (englisch *gerund*) bezeichnet wird. Es geht hier um Wörter wie *learning, eating, shopping* oder *training*, die Sie teilweise schon vom Deutschen her kennen.

1.7.1 Die Bildung des Gerundiums

Die Bildung des Gerundiums haben wir bereits ausführlich geübt – es ist ja nichts anderes als die -*ing*-Form (vgl. Kapitel 1.1, S. 8 – 9). Man unterscheidet jedoch hier zwischen dem aktiven und dem passiven Gerundium:

Aktive Gegenwartsform: ***hiding***
(das) „Verstecken“

Passive Gegenwartsform:	***being hidden*** (***being + Past Participle***) *(das) „Versteckwerden"*

Dann gibt es noch die Perfektformen des Gerundiums:

Aktive Perfektform:	***having seen*** (***having + Past Participle***) *(das) „Gesehenhaben"*
Passive Perfektform:	***having been seen*** (***having been + Past Participle***) *(das) „Gesehenwordensein"*

1.7.2 Der Gebrauch der -*ing*-Form als Gerundium

In diesem Kapitel beschäftigen wir uns in erster Linie mit dem aktiven Gerundium. Hier hat die -*ing*-Form eine andere Funktion als bisher. Sehen Sie sich dazu folgendes Beispiel an:

1. **Travelling** in buses always makes me feel sick.	*Beim Busfahren wird mir immer schlecht.*
2. He says his favourite activity is **lying**, but I don't know whether to believe him or not.	*Er sagt, seine Lieblingsbeschäftigung sei das Lügen, aber ich weiß nicht, ob ich ihm glauben soll oder nicht.*

Das Gerundium ist streng genommen kein Verb, sondern ein Substantiv, das aus einer Verbform gebildet wurde (1, 2). Das erkennt man an der Übersetzung („Busfahren" bzw. „das Lügen").

1.7.3 Die -*ing*-Form als Gerundium nach Verben

1. She **avoided looking** the headmaster in the eye.	*Sie vermied es, dem Direktor in die Augen zu sehen.*

Wären Sie hier nicht versucht gewesen zu sagen *to look*? Es ist nämlich ein typischer Fehler bei Englischlernenden, in solchen Fällen anstatt des Gerundiums den *to*-Infinitiv zu verwenden. Hier noch ein paar Beispiele für den Gebrauch des Gerundiums, wo es Deutschsprachige vielleicht nicht erwarten:

2. He **suggested flying** to Malta instead of Libya.	*Er schlug vor, nach Malta statt nach Libyen zu fliegen.*

3. Do you **fancy weeding** the garden? — *Hättest du Lust, im Garten Unkraut zu jäten?*

Eine Reihe von Verben wird mit der -*ing*-Form und nicht mit dem Infinitiv (wie im Deutschen) verbunden (1–3). Hier eine Liste der wichtigsten Verben[1], grob in Bedeutungsgruppen eingeteilt, damit Sie es beim Lernen leichter haben:

dislike doing s.th.	*es nicht mögen, etw. zu tun*
enjoy doing s.th.	*es genießen, etw. zu tun*
fancy doing s.th.	*Lust haben, etw. zu tun*
feel like doing s.th.	*Lust haben, etw. zu tun*
mind doing s.th.	*etw. dagegen haben, etw. zu tun*
miss doing s.th.	*(es) vermissen, etw. zu tun*
suggest doing s.th.	*vorschlagen, etw. zu tun*
practise doing s.th.	*etw. üben*
risk doing s.th.	*riskieren, etw. zu tun*
admit doing s.th.	*zugeben, etw. getan zu haben*
deny doing s.th.	*leugnen/bestreiten, etw. getan zu haben*
consider doing s.th.	*erwägen/daran denken, etw. zu tun*
think of doing s.th.	*erwägen/daran denken, etw. zu tun*
carry on doing s.th.	*fortfahren, etw. zu tun*
keep (on) doing s.th.	*nicht aufhören, etw. zu tun*
finish doing s.th.	*mit etw. fertig werden, etw. abschließen*
delay doing s.th.	*etw. verschieben/aufschieben*
postpone doing s.th.	*etw. verschieben*
avoid doing s.th.	*es vermeiden, etw. zu tun*
prevent s.o. doing s.th.	*verhindern, dass jmd. etw. tut*
imagine doing s.th.	*sich vorstellen, etw. zu tun*
appreciate s.o. doing s.th.	*es zu schätzen wissen, dass jmd. etw. tut*
it involves doing s.th.	*es beinhaltet, etw. zu tun*
it means doing s.th.	*es bedeutet, etw. zu tun*
excuse s.o. doing s.th.	*entschuldigen, dass jmd. etw. tut*
I *(usw.)* **can't help doing s.th.**	*ich* (usw.) *kann nichts dafür, dass ich etw. tue*
s.th. needs doing	*etw. muss getan werden*

[1] Weitere wichtige Verbindungen finden Sie im Abschnitt 1.7.5, S. 46.

1.7.4 Die *-ing*-Form als Gerundium nach adverbiellen Bestimmungen

Die *-ing*-Form erscheint auch in Sätzen wie den folgenden:

1. **Instead of coming** to me, he went straight to the boss.	*Statt zu mir zu kommen, ist er direkt zum Chef gegangen.*
2. **On hearing** of his mother-in-law's arrival, he hid in the garden shed.	*Als er von der Ankunft seiner Schwiegermutter erfuhr, versteckte er sich im Gartenschuppen.*

Folgt eine Verbform auf eine **adverbielle Bestimmung**[1], so steht sie in der ***-ing*-Form** (1, 2). Hier eine Liste wichtiger adverbieller Bestimmungen:

after	*nach(dem)*	**in spite of / despite**	*trotz; obwohl*
before	*bevor; vor*	**instead of**	*(an)statt*
besides	*abgesehen davon, dass*	**on**	*bei; als*
by	*indem; dadurch, dass*	**without**	*ohne*

1.7.5 Die *-ing*-Form als Gerundium nach Präpositionen

Dann gibt es noch folgenden Gebrauch der *-ing*-Form nach einer Präposition (einem Verhältniswort wie „auf, bei, vor, nach" usw.):

1. He's pretty hopeless **at boiling** eggs.	*Beim Eierkochen ist er eine ziemliche Niete.*
2. I'm fed up **with testing** you on your Chinese vocabulary.	*Ich habe die Nase voll, dich deine chinesischen Vokabeln abzufragen.*

Steht eine Verbform unmittelbar nach einer Präposition (einem Verhältniswort wie *in, of, through* usw.), erscheint das Verb im Gerundium (also in der *-ing*-Form) (1, 2).

Diese Präpositionen erscheinen typischerweise in bestimmten festen Verbindungen, die man als Vokabeln lernen sollte. Hier bieten wir Ihnen einige typische Beispiele an.

[1] Das ist ein Ausdruck, der Begriffe, Satzteile oder Wortgruppen verbindet, oft mit dem Zweck, einen Satz oder Sätze zu verkürzen.

Die -*ing*-Form nach Substantiv + Präposition:

be in danger of doing s.th.	*Gefahr laufen, etw. zu tun*
have difficulty in doing s.th.	*sich bei etw. schwer tun*
in the hope of doing s.th.	*in der Hoffnung, etw. zu tun*
the prospect of doing s.th.	*die Aussicht, etw. zu tun*
run the risk of doing s.th.	*riskieren/Gefahr laufen, etw. zu tun*

Die -*ing*-Form nach Adjektiv + Präposition:

be bad/good at doing s.th.	*in etw. schlecht/gut sein*
be (in)capable of doing s.th.	*(un)fähig sein, etw. zu tun*
be famous for doing s.th.	*dafür berühmt sein, etw. zu tun bzw. getan zu haben*
be interested in doing s.th.	*daran interessiert sein, etw. zu tun*
be tired of doing s.th.	*es satt haben, etw. zu tun*

Die -*ing*-Form nach Verb + Präposition:

accuse s.o. of doing s.th.	*jmdn. einer Sache beschuldigen*
believe in doing s.th.	*daran glauben, dass man etw. tun sollte*
blame s.o./s.th. for doing s.th.	*jmdm./einer Sache die Schuld an etw. geben*
concentrate on doing s.th.	*sich auf etw. konzentrieren*
dream of doing s.th.	*davon träumen, etw. zu tun*
insist on doing s.th.	*darauf bestehen, etw. zu tun*
prevent s.o./s.th. from doing s.th.	*jmdn./etw. daran hindern, etw. zu tun*
specialize in doing s.th.	*sich auf etw. spezialisieren*
succeed in doing s.th.	*es schaffen, etw. zu tun*
talk about doing s.th.	*davon reden, dass man etw. tun möchte*
think of doing s.th.	*daran denken, etw. zu tun; sich überlegen, ob man etw. vielleicht tut*
worry about doing s.th.	*sich darüber Sorgen machen, dass man etw. tun muss*

1.7.6 Das Gerundium nach der Präposition *to*

Das Wörtchen *to* kennen Sie längst als Teil des Infinitivs von Verben (*to run, to eat* usw.) sowie als Präposition (*go to school, give it to me* usw.). Es gibt aber auch eine Reihe von Ausdrücken, mit denen die Präposition *to* fest verbunden ist, wie z. B. in folgendem Satz:

1. I'm **looking forward to seeing** you learn to ski.	*Ich freue mich darauf, dir beim Skiunterricht zuzusehen.*

Möglicherweise sind Sie hier über die Konstruktion *to seeing* gestolpert. Müsste es nicht *to see* heißen? Leider nein, denn hier ist das Wort *to* nicht Bestandteil des Infinitivs (als so genannte „Partikel"), sondern eine Präposition, und muss deshalb mit der *-ing*-Form verbunden werden.

Woran erkennt man aber, ob *to* eine Partikel (vor einem Infinitiv) oder eine Präposition (vor der *-ing*-Form) ist? Ganz einfach: Man macht den „Substantiv-Test." Auf eine Präposition kann ein Substantiv oder ein Pronomen (wie *it, him, them*) folgen, aber wenn *to* Teil eines Infinitivs ist, ist das nicht möglich. Kann also ein Substantiv auf das *to* folgen, ist die richtige Verbform immer die *-ing*-Form und nicht der Infinitiv. Machen wir die Probe aufs Exempel:

2. I object **to dirty fingernails.**	*Ich habe etwas gegen schmutzige Fingernägel.*
3. I object **to working** on Sundays.	*Ich habe etwas dagegen, sonntags zu arbeiten.*

In Beispiel 2 folgt auf *to* ein Substantiv (*fingernails*), denn dieses *to* ist eine Präposition, die zum Ausdruck *object to* gehört. Und die Form des Verbs nach einer Präposition ist, wie wir schon gesehen haben, grundsätzlich die *-ing-Form* (3: *working*).

Nach einer Reihe von Ausdrücken mit *to* steht kein Infinitiv, sondern die *-ing*-Form (1–3). Hier die wichtigsten:

be used to doing s.th.; **be accustomed to doing s.th.**	*gewohnt sein, etw. zu tun*
get used to doing s.th.; **get accustomed to doing s.th.**	*sich daran gewöhnen, etw. zu tun*
look forward to doing s.th.	*sich darauf freuen, etw. zu tun*
object to doing s.th.	*dagegen sein, dass etw. getan wird; etw. dagegen haben, dass/wenn jmd. etw. tut*

1.7.7 *used to*

Auf *used to* müssen wir etwas genauer eingehen, denn dieser Ausdruck hat zwei ganz unterschiedliche Bedeutungen:

1. I **used to go** and see my grandmother every afternoon.	*Früher besuchte ich meine Großmutter jeden Nachmittag.*
2. **I'm used to working** in a tiny airless office.	*Ich bin es gewohnt, in einem winzigen, stickigen Büro zu arbeiten.*
3. He says he can't **get used to losing** to the children at chess all the time.	*Er sagt, er kann sich nicht daran gewöhnen, beim Schach dauernd gegen die Kinder zu verlieren.*

used to + Infinitiv = *früher …* (1)

- erscheint nur in der Vergangenheit
- bezieht sich auf wiederholte bzw. gewohnheitsmäßige Handlungen sowie länger andauernde Zustände
- heißt in der verneinten Form:

I didn't use(d) to visit my grandmother. Oder:

I never used to visit my grandmother.

be used to + *-ing*-Form = *gewohnt sein zu* (2)
get used to + *-ing*-Form = *sich daran gewöhnen zu* (3)

- können in jeder Zeitform vorkommen:

They were used to living in the wilds.

You'll get used to surviving on five hours of sleep.

1.7.8 Verben, die mit der *-ing*-Form und dem Infinitiv verbunden werden

Einige Verben führen ein ähnliches Doppelleben wie das Wörtchen *to*:

1. She suddenly **started crying/ to cry** in the middle of the film.	*Sie fing mitten im Film plötzlich zu weinen an.*

Einige Verben können sowohl mit dem Infinitiv als auch mit der *-ing*-Form verbunden werden, und zwar ohne wesentlichen Bedeutungsunterschied (1). Dazu zählen vor allem:

begin	*beginnen, anfangen*	**continue**	*fortfahren*
start	*beginnen, anfangen*	**intend**	*vorhaben*

Bei einigen anderen Verben wird die Wahl zwischen *-ing*-Form und Infinitiv durch den Inhalt der Aussage bestimmt:

2. I **like making** people happy with my brilliant sense of humour.	*Ich mache die Leute gern glücklich mit meinem phantastischen Humor.*
3. I **wouldn't like to be** in his shoes when the boss gets back.	*Ich möchte nicht in seiner Haut stecken, wenn der Chef zurückkommt.*

Folgende Verben können sowohl mit dem Infinitiv als auch mit der *-ing*-Form verbunden werden:

like	*(es) mögen*	**hate**	*(es) hassen*
love	*(es) lieben*	**prefer**	*(es) vorziehen*

Die *-ing*-Form wird in der Regel bei allgemeinen Aussagen verwendet (2).

Der Infinitiv wird bei konkreten Einzelfällen gebraucht. Diese werden fast immer durch *would* bzw. die Abkürzung *'d* eingeleitet (3).

Es gibt dann noch eine Reihe von Verben, die ganz unterschiedliche Bedeutungen haben, je nachdem, ob sie mit der *-ing*-Form oder dem *to*-Infinitiv erscheinen. Wir wollen uns die wichtigsten vor Augen führen:

***-ing*-Form**	**Infinitiv**
go on	
He **went on talking** even though the auditorium was almost empty. *Er redete weiter, obwohl der Saal fast leer war.*	She **went on to say** how boring it had all been. *Dann sagte sie, wie langweilig das Ganze gewesen sei.*
go on doing s.th. *etw. weiterhin tun; mit etw. fortfahren* • bedeutet, dass eine schon begonnene Handlung fortgesetzt wird	**go on to do s.th.** *etw. (Neues/Weiteres) tun/sagen usw.* • dient sozusagen als Auftakt zu etw. Neuem und entspricht oft dem deutschen „dann“ oder „als Nächstes“

***-ing*-Form**	**Infinitiv**
remember, forget	
I **remember dancing** with you last summer.	Did you **remember to take** your hayfever tablet?
Ich erinnere mich daran, letzten Sommer mit Ihnen getanzt zu haben.	*Hast du daran gedacht, deine Heuschnupfentablette einzunehmen?*
I'll **never forget breaking** my left ankle during the tango.	Don't **forget to switch** the answerphone on.
Ich werde nie vergessen, wie ich mir den linken Knöchel beim Tango gebrochen habe.	*Vergiss nicht, den Anrufbeantworter einzuschalten.*
remember doing s.th. *sich daran erinnern, etw. getan/erlebt zu haben*	**remember to do s.th.** *daran denken/nicht vergessen, etw. zu tun*
never forget doing s.th. *nie vergessen, wie …*	**forget to do s.th.** *vergessen, etw. zu tun*
• beziehen sich nur auf etwas Vergangenes	• können in jeder Zeit vorkommmen
stop	
I finally **stopped smoking** last week.	I **stopped** at a shop doorway **to light up** a cigarette.
Letzte Woche habe ich endlich mit dem Rauchen aufgehört.	*Ich hielt an einem Ladeneingang an, um mir eine Zigarette anzuzünden.*
stop doing s.th. *aufhören, etw. zu tun; mit etw. aufhören*	**stop to do s.th.** *anhalten/innehalten, um etw. (anderes/Neues) zu tun*

-*ing*-Form	Infinitiv
try	
– "I can't get this car to move." – "**Try releasing** the handbrake." – *„Ich kann diesen Wagen nicht bewegen."* – *„Versuch doch mal, die Handbremse zu lösen!"*	I've **been trying to ring** her for an hour, but her phone's engaged. *Seit einer Stunde versuche ich sie anzurufen, aber die Leitung ist besetzt.*
try doing s.th. *es mit etw. versuchen; etw. ausprobieren* • Hier geht es um eine Möglichkeit, oft in Form eines *Vorschlags*. • wird im Deutschen oft mit „Versuch('s) doch mal (mit) …" ausgedrückt.	**try to do s.th.** *versuchen/sich bemühen, etw. zu tun* • Betonung der Schwierigkeit/der Herausforderung

1.7.9 Die -*ing*-Form als Gerundium in festen Redewendungen

Zum Abschluss noch einige häufig verwendete formelhafte Redewendungen, die mit der -*ing*-Form gebraucht werden:

1. **It's great fun learning** English grammar.	*Es macht einen Riesenspaß, englische Grammatik zu lernen.*
2. I **can't help being** pretty – it's in my genes.	*Ich kann nichts dafür, dass ich hübsch bin – das ist genetisch bedingt.*

Auf eine Reihe von Redewendungen folgt die **-*ing*-Form** (1, 2). Hier die wichtigsten:

be busy -ing	*damit beschäftigt sein zu …*
I (*usw.*) **can't help -ing**	*ich* (usw.) *kann nichts dafür, dass ich …*
I (*usw.*) **can't stand -ing**	*ich* (usw.) *kann es nicht ausstehen zu …*

I (*usw.*) **don't mind -ing**	*ich* (usw.) *habe nichts dagegen zu/, wenn ich …*
it's bad enough -ing	*es ist schlimm genug, dass …*
it's (good/great) fun -ing	*es macht (großen/riesigen) Spaß zu …*
it's no use -ing, **it's no good -ing,** **there's no point in -ing**	*es hat keinen Sinn zu …*
it's worth/worthwhile -ing	*es lohnt sich zu …*
spend one's time -ing	*seine Zeit damit verbringen zu …*
thanks/thank you for -ing	*vielen Dank dafür, dass du/Sie …*
what's the point in -ing?	*was hat es für einen Sinn zu …?*

1.8 Das Partizip

Deutsche Beispiele für Partizipien sind z. B. „fahrend" und „gefahren". Das Hauptproblem beim Gebrauch der englischen Partizipien liegt darin, dass diese wesentlich häufiger verwendet werden als ihre deutschen Entsprechungen.

Zunächst aber eine Übersicht über die verschiedenen Formen des englischen Partizips.

1.8.1 Die Bildung der verschiedenen Partizipformen

Da Uneinigkeit über die deutsche Übersetzung von *Past Participle* herrscht, lassen wir bewusst alle Bezeichnungen der Partizipien auf Englisch stehen.

	aktiv	**passiv**
Present Participle	1. asking	4. being asked
Past Participle	2. asked	5. asked
Perfect Participle	3. having asked	6. having been asked

Und die Regeln zur Bildung dieser Formen:

- Das *Present Participle* im Aktiv ist die *-ing*-Form des Verbs (1).
- Das *Past Participle* im Aktiv und im Passiv wird bei regelmäßigen Verben durch Anhängen von *-ed* an die Grundform des Verbs gebildet[1] (2, 5).
- Das *Perfect Participle* im Aktiv besteht aus *having* + *Past Participle* (3).
- Das *Present Participle* im Passiv wird aus *being* + *Past Participle* gebildet (4).
- Das *Perfect Participle* im Passiv besteht aus *having been* + *Past Participle* (6).

In diesem Kapitel geht es uns in erster Linie um das *Present Participle* im Aktiv (*asking* = *fragend*) und um das *Past Participle* (*asked* = *gefragt*).

1.8.2 Der Gebrauch der Partizipien

1. Listen, that sounds like **running water.**	*Hör mal, es klingt, als ob da Wasser fließt!*
2. There were some very **moving scenes** in the movie.	*Der Film hatte einige ergreifende Szenen.*
3. He's just a **frustrated actor.**	*Er ist ja bloß ein frustrierter Schauspieler.*

Das *Present Participle* und das *Past Participle* werden oft – ähnlich ihren deutschen Entsprechungen – wie Adjektive verwendet und mit Substantiven verbunden (1 – 3).

Wir konzentrieren uns jetzt wieder auf die Fälle, die in den beiden Sprachen unterschiedlich gehandhabt werden:

4. I was woken up by **dogs barking.**	*Ich wurde durch bellende Hunde geweckt.*

! Im Gegensatz zum Deutschen ist es nicht immer möglich, das Partizip einfach vor das Substantiv zu stellen. In der Regel wird in solchen Fällen im Englischen ein verkürzter Relativsatz verwendet (4).[2]

[1] Zur Bildung des *Past Participle* vgl. auch Kapitel 1.3, S. 21 und die Tabelle auf S. 157 – 158;
[2] vgl. Abschnitt 1.8.6, S. 57

Es geht hier fast eher darum, wie sich der Satz anhört, als um die Grammatik, und die Grenzen sind manchmal fließend. Aber: Im Zweifelsfall setzen Sie das Partizip nicht vor das Substantiv!

Ein sehr häufiger Gebrauch des *Present Participle* ist folgender:

5. He **kept the priest waiting** for hours.	*Er ließ den Pfarrer stundenlang warten.*
6. She **saw you hitting** your little brother.	*Sie hat gesehen, wie du deinen kleinen Bruder geschlagen hast.*

Das *Present Participle* kann auch im Gegensatz zum Deutschen nach Verben wie den folgenden stehen:

catch	*erwischen*	**keep**	*lassen*
find	*finden*	**leave**	*(ver)lassen*

sowie nach den Wahrnehmungsverben:

feel	*fühlen, spüren*	**notice**	*bemerken*
hear	*hören*	**observe**	*beobachten*
see	*sehen*	**watch**	*beobachten, sehen*
smell	*riechen*		

Die Satzstruktur sieht dabei wie folgt aus:

	Verb	+	**Objekt**	+	***Present Participle***	(5, 6)
We	**found**		**Phil**		**reading**	his comics.
I	**could hear**		**him**		**talking**	to himself.

Im Deutschen steht häufig ein Infinitiv oder eine Konstruktion mit „wie" oder „bei" *(Wir fanden Phil beim Lesen seiner Comichefte; Ich hörte, wie er mit sich selber redete).*

Beachten Sie auch:

7. I **heard him scream** when the doctor touched him.	*Ich hörte ihn schreien, als ihn der Arzt berührte.*

! Bei kurzen Vorgängen kann man nach *feel, hear, see, smell* und *watch* auch den Infinitiv (ohne *to*) anstelle des *Present Participle* verwenden (7).

Nun kommt etwas Bewegung ins Spiel:

8. The bubble car **came bouncing** along the road.	*Der Kabinenroller kam die Straße entlanggeholpert.*
9. She **went flying** down the stairs.	*Sie flog die Treppe hinunter.*

Das *Present Participle* kann unmittelbar nach den Verben *come* und *go* stehen (8, 9).
Im Deutschen steht dafür oft das Partizip Perfekt (z. B. *er kam angerast*).

Auch andere Verben können in Verbindung mit Partizipien erscheinen:

10. Jamie **sat** there **cutting** up his mother's new silk scarf.	*Jamie saß da und zerschnippelte den neuen Seidenschal seiner Mutter.*
11. Would you please **remain seated** until the aircraft has reached its parking position.	*Bleiben Sie bitte sitzen, bis das Flugzeug seine Parkposition erreicht hat.*

Nach den folgenden so genannten „statischen" Verben kann das *Present Participle* bzw. das *Past Participle* stehen:

lie	*liegen*	**sit**	*sitzen*
remain	*bleiben*	**stand**	*stehen*

Im Deutschen steht dafür oft ein Nebensatz mit „und" oder ein Infinitiv (10,11).

1.8.3 Das Passiv

Nicht nur, wenn jemand etwas macht (im aktiven Sinn), sondern auch, wenn etwas gemacht wird (passiver Sinn), können im Englischen Partizipien verwendet werden:

1. He **likes his coffee and tea stirred** for him.	*Er lässt sich gern den Kaffee oder Tee umrühren.*
2. She **heard her father's name announced** over the loudspeaker.	*Sie hörte, wie der Name ihres Vaters über den Lautsprecher ausgerufen wurde.*

Bei passiver Bedeutung[1] kann man das *Past Participle* verwenden (1, 2).

[1] vgl. Kapitel 1.6, S. 39

Die Konstruktion lautet:

Verb + Objekt + *Past Participle*

und ist z. B. bei folgenden Verben möglich:

find	*finden*	**get**	*lassen*
hear	*hören*	**have**	*lassen*
like	*(es) mögen*	**leave**	*lassen*
want	*mögen, wollen*	**make**	*machen, lassen*

1.8.4 Das Partizip zur Verkürzung von Nebensätzen

Nun zu einer weiteren Verwendung des *Present Participle* und des *Past Participle*. Häufig dienen sie dazu, einen Satz auf elegante Weise zu kürzen:

1. **Diving** deeper, I suddenly saw the wreck of a ship.	*Als ich tiefer tauchte, sah ich plötzlich das Wrack eines Schiffs.*
2. **Writing** a chapter a week, Jeff finished the book in six months.	*Jeff schrieb jede Woche ein Kapitel, und in einem halben Jahr hatte er das Buch fertig.*

Das *Present Participle* und das *Past Participle* können zur Verkürzung von Nebensätzen verwendet werden (1, 2).

Voraussetzung dafür: beide Satzteile haben dasselbe Subjekt.

Im Deutschen steht dafür oft ein Nebensatz mit „da“, „als“, „indem“, „und“ o. Ä.

Eine kurze Anmerkung zur Wortstellung bei verkürzten Nebensätzen:

3. She arrived late for the wedding **wearing** a ridiculous hat.	*Sie kam verspätet zur Hochzeit und hatte einen unmöglichen Hut auf.*
4. The buffalo was left to die, **rejected** by the rest of the herd.	*Die Herde stieß den Büffel aus und überließ ihn dem Tod.*

Wenn der Nebensatz lediglich eine Zusatzinformation zum Hauptsatz bietet, erscheint das Partizip hinter dem Hauptsatz (3, 4).

Dem *Past Participle* muss, wie im Beispiel 4, ein Komma vorangehen; beim *Present Participle* ist dies nicht zwingend, aber bei längeren Nebensätzen empfehlenswert.

1.8.5 Das *Perfect Participle*

Dann gibt es noch folgende Möglichkeit, Nebensätze zu verbinden:

1. **Having spent** all my savings on a new car, I can't afford to go on holiday this year. — *Da ich meine ganzen Ersparnisse in ein neues Auto gesteckt habe, kann ich mir dieses Jahr keinen Urlaub leisten.*
2. **Having been fired** from his job, he decided to go back to university. — *Nachdem er gefeuert worden war, beschloss er, wieder zu studieren.*

Der Konstruktion *having + Past Participle* entspricht im Deutschen „da/nachdem/als … habe(n)/hatte(n)" usw. (1).

Im Passiv lautet die Konstruktion *having been + Past Participle* (2).

1.8.6 Das Partizip zur Verkürzung von Relativsätzen

Relativsätze (die in Kapitel 4.5 ausführlich behandelt werden) können ebenfalls mit Hilfe von Partizipien „verkürzt" werden:

1. I don't like the look of those men **who are standing** outside Mrs Martin's house.
   ↓
   I don't like the look of those men **standing** outside Mrs Martin's house. — *Die Männer, die vor dem Haus von Mrs. Martin stehen, kommen mir etwas verdächtig vor.*

Noch ein paar Beispiele, bei denen diesmal der entbehrliche Satzteil eingeklammert ist:

2. **That little boy** (who is) **throwing** dirt at the other children is my son. — *Der kleine Junge, der die anderen Kinder mit Dreck bewirft, ist mein Sohn.*
3. **The building** (that was) originally **situated** here was a dry cleaner's. — *Das Haus, das ursprünglich hier stand, war eine chemische Reinigung.*

Das *Present Participle* und das *Past Participle* werden auch verwendet, um Relativsätze zu verkürzen (1–3).

Das Partizip steht dabei unmittelbar hinter dem Substantiv, auf das es sich bezieht (1, 2), bzw. hinter dem Adverb (3).

1.8.7 *being*

Schließlich gibt es ein Partizip, das sich bei Englischlernenden einer unverdienten Beliebtheit erfreut, aber gerne ein ruhigeres Leben führen würde. Es geht um *being*, das nur selten tatsächlich am Anfang eines Satzes stehen darf:

1. **Being** so tightfisted, he always lets other people pay for his beer.	*Da er so knausrig ist, lässt er immer andere Leute sein Bier bezahlen.*

Being am Satzanfang signalisiert einen Partizipialsatz des Grundes und wird ausschließlich mit „da/weil …“ übersetzt (1).

1.9 *if*-Sätze

Das unscheinbare Wörtchen *if* übt einen beträchtlichen Einfluss auf den restlichen Satz aus und verlangt deshalb unsere besondere Aufmerksamkeit.

1.9.1 Grundtypen

Wie im Deutschen gibt es drei Grundtypen der Bedingungssätze (*if*-Sätze):

Typ 1	
If you **pay** him *Wenn du ihn bezahlst,*	he **will do** it. *wird er es machen.*
***if*-Satz**	**Hauptsatz**
einfache Gegenwart	***will*-Zukunft**
Typ 2	
If you **paid** him *Wenn du ihn bezahlen würdest* (oder *bezahltest*),	he **would do** it. *würde er es machen.*
***if*-Satz**	**Hauptsatz**
einfache Vergangenheit	***would* + Infinitiv** ohne ***to***

Typ 3

If you **had paid** him	he **would have done** it.
Wenn du ihn bezahlt hättest,	*hätte er es gemacht.*
***if*-Satz**	**Hauptsatz**
Past Perfect* *(had + Past Participle)	***would have + Past Participle***

Wie im Deutschen kann der *if*-Satz am Anfang des Satzes stehen oder später im Satz erscheinen. Es könnte also ebenfalls heißen:

He would have done it if you had paid him.

1.9.2 *would* im *if*-Satz

Vorsicht ist bei *if*-Sätzen vom Typ 2 geboten, denn Deutschsprachige neigen oft dazu, *would* im *if*-Satz unterzubringen, nach dem deutschen Muster:

Wenn du gelegentlich anrufen würdest, wüsstest du, was los ist.

Das heißt aber auf Englisch:

If you **rang** up occasionally you would know what was going on.

Im *if*-Satz erscheint *would* fast nie!!

Ausnahmen bestätigen bekanntlich die Regel, und so ist es mit der Konstruktion *if only*:

1. **If only** he **would** talk to me. *Wenn er nur mit mir reden würde!*
2. **If only** I **knew** the answer. *Wenn ich bloß die Antwort wüsste!*

If only leitet einen Wunsch („wenn … bloß") ein und kann mit *would* verbunden werden (1).

Das gilt aber in der Regel nicht bei Verben, die „statische Zustände" ausdrücken (2; vgl. Liste auf S. 13).

1.9.3 Allgemeines

In Bedingungssätzen werden – besonders in der gesprochenen Sprache – sehr häufig die Kurzformen verwendet. Aus Kapitel 1.5 über die Zukunftsformen (S. 30 ff.) kennen wir schon die Kurzform von *will*, nämlich *'ll* (*he'll, they'll, I'll* usw.) . Auch *would* wird häufig zu *'d* abgekürzt (*she'd, you'd, we'd* usw.).

Nun zum Komma in den Bedingungssätzen. Im Englischen dient das Komma in erster Linie dazu, Sprechpausen anzudeuten und den Satz in Sinneinheiten aufzuteilen:

1. If you don't buy a lottery ticket you'll never win.	*Wenn du kein Lotterielos kaufst, kannst du auch nicht gewinnen.*
2. If you're expecting me to wash and iron all your blouses and then pack your case for you, you're wrong.	*Wenn du meinst, dass ich dir sämtliche Blusen wasche und bügle und dann noch deinen Koffer packe, dann irrst du dich!*

Zwischen kurzen *if*-Sätzen am Anfang des Satzes und dem Hauptsatz steht meistens kein Komma (1).

Nach längeren *if*-Sätzen am Satzanfang dagegen steht meistens ein Komma (2).

3. I'll take you there if you show me the way.	*Ich bringe dich hin, wenn du mir den Weg zeigst.*
4. I'll slip into something a bit more comfortable, if that's all right with you.	*Ich zieh mir schnell etwas Bequemeres an, wenn du nichts dagegen hast.*

Wenn der *if*-Satz auf den Hauptsatz folgt, steht zwischen Hauptsatz und Nebensatz (*if*-Satz) kein Komma (3), falls nicht eine deutliche Sprechpause gemacht wird (4).

Das wären also die Grundmuster für die englischen *if*-Sätze. Wie im Deutschen gibt es aber jede Menge möglicher Varianten.

1.9.4 Varianten: Typ 1

1. If you**'re going to wear** that silly outfit you can go to the opera on your own.	*Wenn du dieses dämliche Outfit tragen willst, kannst du allein in die Oper gehen!*
2. If he's not back by midnight **I'm calling** the police.	*Wenn er bis Mitternacht nicht wieder da ist, rufe ich die Polizei an.*

In Typ 1-Sätzen kann neben der *will*-Zukunft jede andere Zukunftsform erscheinen (1, 2).

Die entsprechenden Regeln zum Gebrauch können Sie in Kapitel 1.5 („Die Zukunftsformen") nachschlagen.

3. If you**'re** just **babysitting** tonight, you won't have to get all dressed up.	*Wenn du heute Abend nur babysittest, brauchst du dich nicht fein anzuziehen.*
4. If you**'ve read** the chapter, how come you don't know the answer?	*Wenn du das Kapitel gelesen hast, wieso weißt du dann die Antwort nicht?*

Bei Typ 1 kann im *if*-Satz selbst statt der einfachen Gegenwart die *-ing*-Form der Gegenwart (auch mit Zukunftsbedeutung, 3) oder das *Present Perfect* (4) stehen.

5. If the weather is all right, we **might** go to the boat race.	*Wenn das Wetter mitspielt, gehen wir vielleicht zur Ruderregatta.*

Bei Typ 1-Sätzen kann im Hauptsatz statt der *will*-Zukunft ein unvollständiges Hilfsverb[1] erscheinen (5).

Im angegebenen Beispiel hätte auch ... *we could/may/can/ought to/should/must go to the boat race* stehen können.

Diese unvollständigen Verben können je nach Aussageabsicht auch mit Verben in der *-ing*-Form bzw. im *Present Perfect* verbunden werden (*we might be going, he may not have known* usw.).

Auch das *if* ist bei diesen Bedingungssätzen nicht immer notwendig:

6. **Should she develop** a temperature, let me know.	*Sollte sie Fieber bekommen, sagen Sie mir Bescheid.*

Should ... im Bedingungssatz entspricht dem deutschen „sollte(n)" usw., ist aber viel förmlicher (6).

[1] vgl. Kapitel 1.10, S. 65 ff.

1.9.5 Varianten: Typ 2

1. If I **were** you I wouldn't answer the phone.	*Ich an deiner Stelle würde nicht ans Telefon gehen.*

In Typ 2-Sätzen kann nach *I* oder *he/she/it* statt *was* der etwas formellere Konjunktiv *were* stehen.

Dies gilt besonders, wenn man sich in die Lage einer anderen Person versetzt (1).

Auch bei Typ 2 können die Hilfsverben verwendet werden:

2. If you came round before five you **could** see him.	*Wenn du vor fünf vorbeischauen würdest, könntest du ihn sprechen.*

Bei Typ 2-Sätzen können im Hauptsatz statt *would* bestimmte unvollständige Hilfsverben erscheinen (2). Im angegebenen Beispiel hätte auch ... *you might/ought to/should see him* stehen können.

Diese unvollständigen Verben können je nach Aussageabsicht auch mit Verben in der *-ing*-Form bzw. im *Present Perfect* verbunden werden (*you might be running, he should have told you* usw.).

Die letzte Variante dieses Typs ist eigentlich eine Variante des unvollständigen Hilfsverbs:

3. If she **was/were to get** a job, we'd be much better off.	*Wenn sie eine Stelle bekäme, ginge es uns finanziell viel besser.*
4. It would be much quieter if they **were to move** out of the upstairs flat.	*Es wäre viel ruhiger, wenn sie aus der Wohnung über uns ausziehen würden.*

Bei Typ 2-Sätzen kann bei *I/he/she/it* die Konstruktion *was/were to* + Grundform des Verbs bzw. bei *you/we/they* die Konstruktion *were to* + Grundform des Verbs stehen (3, 4).

Diese Konstruktion ist eine Variante von *should* + Grundform des Verbs und klingt etwas förmlich.

1.9.6 Varianten: Typ 3

1. If her husband hadn't been a politician, she **might have had** a career as a jazz singer.	*Wenn ihr Mann nicht Politiker gewesen wäre, hätte sie vielleicht eine erfolgreiche Karriere als Jazzsängerin gehabt.*

Bei Typ 3-Sätzen können im Hauptsatz statt *would have* bestimmte unvollständige Hilfsverben erscheinen (1). Im angegebenen Beispiel hätte auch ... *she may/could/ought to/should have had a career* stehen können.

Diese unvollständigen Verben können je nach Aussageabsicht auch mit Verben in der *-ing*-Form des *Present Perfect* verbunden werden (*I might have been earning more money* usw.).

Auch hier kann man – ähnlich wie im Deutschen – auf das *if* verzichten:

2. **Had he resigned** sooner, the company probably wouldn't have gone bankrupt.	*Wäre er früher zurückgetreten, wäre die Firma wahrscheinlich nicht in Konkurs gegangen.*
3. It would have been a pleasant evening **had she not mentioned** the war.	*Es wäre ein netter Abend gewesen, wenn sie den Krieg nicht erwähnt hätte.*

Bei Typ 3-Sätzen kann man die Konstruktion *had he/you* usw. + *Past Participle* verwenden (2,3). Dies klingt etwas förmlicher als die normale Konstruktion mit *if*.

Abschließend noch eine beliebte Konstruktion, die zum Typ 3 gehört:

4. **If it hadn't been for** that man, we would never have found our way back home.	*Wenn dieser Mann nicht gewesen wäre, hätten wir nie den Weg nach Hause gefunden.*

Die Konstruktion *if it hadn't been for* ... entspricht dem deutschen „wenn ... nicht gewesen wäre(n)" usw. (4).

1.9.7 Variationen in der Zeitenfolge

Es gibt, wie Sie sehen, viele mögliche Varianten zu den Grundmustern der *if*-Sätze. Dies gilt auch für die Zeitenfolge:

1. If you **wanted** to watch the match on telly, you **should have told** me before we went to the party.	*Wenn du das Spiel im Fernsehen ansehen wolltest, hättest du es mir vor der Party sagen sollen!*
2. If you **took** the 16.30 flight to Heathrow, he **must have been** on the same plane.	*Wenn du den 16.30-Flug nach Heathrow genommen hast, muss er in derselben Maschine gewesen sein.*

Variationen in der Zeitenfolge bei *if*-Sätzen entsprechen in der Regel dem deutschen Sprachgebrauch (1, 2).

! Die wichtigste Grundregel ist hier, dass der Satz einen logischen Sinn ergibt.

1.9.8 Andere Varianten anstelle von *if*

Wie im Deutschen kann man Bedingungssätze auch mit anderen Wörtern einleiten:

1. **Supposing** she left you all her money, what would you do with it?	*Angenommen, sie würde dir ihr ganzes Geld hinterlassen, was würdest du damit machen?*
2. I'll lend you the car **provided** you don't drive like a lunatic.	*Ich leihe dir den Wagen, vorausgesetzt, du fährst nicht wie ein Verrückter.*

Eine Reihe anderer Ausdrücke kann anstelle von *if* einen Bedingungssatz einleiten (1, 2). Hier eine Liste der wichtigsten:

assuming (that) …, **suppose (that) …,** **supposing (that) …**	*angenommen (, dass) …*
as/so long as …	*solange …*
provided (that) …, **providing (that) …**	*vorausgesetzt (, dass) …*
on condition that …	*unter der Voraussetzung, dass …*

1.9.9 *unless*

Bedingungssätze, die mit *unless* anfangen, haben einen etwas bestimmteren Ton:

1. I'm not going inside **unless** you tie your Rottweilers up.	*Ich gehe nicht hinein, wenn du deine Rottweiler nicht anbindest.*
(= **If** you do**n't** tie your Rottweilers up, I'm not going inside.)	
2. **Unless** his eating habits improve, I'm going to divorce him.	*Wenn sich seine Essgewohnheiten nicht verbessern, lasse ich mich von ihm scheiden.*
(= **If** his eating habits do**n't** improve, I'm going to divorce him.)	

Unless hat die Bedeutung „außer wenn", „es sei denn", „erst dann" usw. und wird oft verwendet, um ein Ultimatum zu stellen (1, 2).

1.10 Die unvollständigen Hilfsverben

Auch Verben brauchen manchmal ein bisschen Unterstützung: In diesem Kapitel geht es uns um die englischen Entsprechungen von Verben wie „können", „dürfen", „sollen" usw.

1. She **should** take more care!	*Sie sollte besser aufpassen!*
2. **Could** you give me a hand, please?	*Könnten Sie mir bitte mal helfen?*
3. You **mustn't** blame yourself.	*Du darfst dir keine Vorwürfe machen.*
4. He **can** speak very good Japanese.	*Er kann sehr gut Japanisch.*
5. You **won't be able to** play polo any more.	*Sie werden nicht mehr Polo spielen können.*

Die unvollständigen Hilfsverben sind dadurch gekennzeichnet, dass sie:

- kein *-s* in der 3. Person Singular des einfachen Präsens haben (1, 4)
- bei Fragen und in der Verneinung keine Umschreibung mit *do* verlangen (2, 3).

Folgende Kurzformen sind in der Verneinung sehr gebräuchlich:
can't (= *cannot*), *couldn't* (= *could not*), *shouldn't* (= *should not*) und *mustn't* (= *must not*).

- mit einem Vollverb verbunden werden (1–4)
- nicht in allen Zeitformen verwendet werden können (deshalb „unvollständig").
  In solchen Fällen werden andere Formulierungen mit ähnlicher Bedeutung benutzt, z. B. *be able to, be allowed to, have to* usw. (5).

Noch ein paar allgemeine Tipps, bevor wir auf die einzelnen Verben eingehen:

6. You **could have** broken your neck!	*Du hättest dir das Genick brechen können!*
7. I **should have** listened to you.	*Ich hätte auf dich hören sollen.*

Could, must, may und *might* werden mit *have + Past Participle* verbunden, um Vergangenes auszudrücken (6, 7).

Beachten Sie auch:

8. "You can swim, **can't** you?"	*„Sie können doch schwimmen, oder?"*
9. "No, I **can't**!"	*„Nein (, kann ich nicht)!"*

Nur bei Frageanhängseln[1] und Kurzantworten können unvollständige Hilfsverben allein stehen (8, 9).

1.10.1 können

1. She **can** juggle really well.	*Sie kann wirklich gut jonglieren.*
2. When I was a baby I **could** walk before I **could** talk.	*Als Kind konnte ich laufen, bevor ich sprechen konnte.*
3. Do you think he**'ll be able to** find his way home?	*Glaubst du, er wird den Weg nach Hause finden (können)?*
4. **I've** always **been able to** tell lies convincingly.	*Ich konnte schon immer überzeugend lügen.*

Um „können" im Sinne von „fähig sein, etwas zu tun" wiederzugeben, hat man im Englischen folgende Möglichkeiten:

- in der Gegenwart *can* bzw. in der Vergangenheit *could* (1, 2)
- in allen Zeiten die entsprechende Form von *be able to* (3, 4).

[1] vgl. Kapitel 1.14, S. 88–91

Aber mit Fähigkeiten allein ist das Bedeutungsspektrum von „können" nicht voll ausgeschöpft, wie Sie dem folgenden Beispiel entnehmen können:

5. **Can** I borrow your lipstick, Mum?	*Mutti, kann ich deinen Lippenstift benutzen?*

Bei „können" im Sinne von „dürfen" (meist „kann ich" oder „können wir") verwendet man im Englischen *can* (5).

Noch eine Variante:

6. That **may** be true.	*Das kann (wahr) sein.*
7. She **might** not **have** recognized you.	*Vielleicht hat sie dich nicht erkannt.*

Wenn „können" eine Möglichkeit ausdrückt, verwendet man im Englischen *may* oder *might* (6).

Im Deutschen wird *may* bzw. *might* oft durch „vielleicht" wiedergegeben (7).

Etwas problematischer sind die englischen Entsprechungen von „konnte(n)" usw.:

8. I **could** <u>feel</u> the wasp slowly crawl down my neck.	*Ich konnte spüren/Ich spürte, wie die Wespe mir langsam den Nacken herunterkrabbelte.*
9. I **could** <u>hardly</u> stand up.	*Ich konnte mich kaum noch auf den Beinen halten.*
10. I just **managed to** catch the train.	*Ich konnte den Zug gerade noch erwischen.*
11. I **succeeded in** convincing her she was wrong.	*Ich konnte sie davon überzeugen, dass sie Unrecht hatte.*
12. **Were** you **able to** speak to him?	*Konntest du mit ihm sprechen?*

Could wird als Entsprechung von „konnte(n)" besonders dann verwendet, wenn es sich um ein Verb der Sinneswahrnehmung wie *see, hear* oder *feel* handelt (8) bzw. wenn ein einschränkender Zusatz wie *barely, hardly, never, not* o. Ä. im Satz enthalten ist (9).

Bei einzelnen Vorfällen und Begebenheiten in der Vergangenheit nimmt man ansonsten *managed to* + Grundform des Verbs (10) bzw. *succeeded in* + *-ing*-Form (11) oder *was/were able to* + Grundform des Verbs (12).

Fassen wir noch einmal zusammen:

können	
Was drückt es aus?	englische Entsprechung
körperliche oder geistige Fähigkeit	***can*** (Präsens) ***could*** (Vergangenheit) ***could have + Past Participle*** (in Bezug auf Vergangenes) ***be able to*** (alle Zeitstufen)
Erlaubnis (= dürfen)	***can*** (Präsens) ***could*** (indirekte Rede)
Möglichkeit (= vielleicht)	***may/might*** (Präsens) ***may have/might have*** (in Bezug auf Vergangenes)

konnte(n) usw.	
Wie wird es verwendet?	englische Entsprechung
körperliche oder geistige Fähigkeit	***could/was able to***
bei Verben der Sinneswahrnehmung	***could***
mit einschränkendem Zusatz	***could***
bei Einzelvorgang in der Vergangenheit	***managed to*** **+ Grundform des Verbs/*****succeeded in*** **+ -*****ing*****-Form**

1.10.2 dürfen

1. **Can** we stay up to watch the film tonight?	*Dürfen wir heute Abend aufbleiben, um den Film zu sehen?*
2. **May** I have the pleasure of this dance?	*Darf ich um diesen Tanz bitten?*
3. **I'm not allowed to** eat sugar – I'm diabetic.	*Ich darf keinen Zucker essen. Ich bin Diabetiker.*
4. I **was allowed to** see our baby for the first time today.	*Heute durfte ich unser Baby zum ersten Mal sehen.*

Can bzw. *may* (etwas förmlich) wird verwendet, wenn es um die Erlaubnis im Einzelfall geht (1, 2).

Be allowed to bezieht sich im Präsens und in der indirekten Rede auf die allgemeine Erlaubnis (3). Es wird aber auch in den Zeiten verwendet, in denen *can/may* nicht möglich sind (4).

Natürlich ist nicht alles „verboten", was man „nicht darf":

5. You **mustn't** forget to feed our pet tiger!	*Sie dürfen nicht vergessen, unseren Haustiger zu füttern!*
6. You **shouldn't have** said that.	*Das hättest du nicht sagen dürfen.*

Wenn mit „nicht dürfen" ein Ratschlag, eine Warnung, eine Aufforderung o. Ä. ausgedrückt wird, sagt man im Englischen *shouldn't* oder (stärker) *mustn't* (5).

In Bezug auf Vergangenes („hätte … nicht dürfen") nimmt man *shouldn't have + Past Participle* (6).

! Beachten Sie also: *mustn't* heißt nicht „muss nicht"!

Und wieder eine tabellarische Zusammenfassung:

dürfen	
Was drückt es aus?	englische Entsprechung
Erlaubnis im Einzelfall	***can/may*** (Präsens) ***could*** (indirekte Rede) ***be allowed to*** (andere Zeiten)
allgemeine Erlaubnis	***be allowed to*** (alle Zeiten)
in der Verneinung	***mustn't/shouldn't*** (Präsens)
Ratschlag, Warnung, Vorwurf	***shouldn't have*** (in Bezug auf Vergangenes)

Und schließlich einige weitere Übersetzungsmöglichkeiten des problematischen „dürfte(n)":

7. That**'s probably** her father.	*Das dürfte ihr Vater sein.*
8. That **should** do/**ought to** do.	*Das dürfte reichen.*

1.10.3 müssen

Hier drängt sich das englische *must* als Übersetzung förmlich auf, und in der Tat ist das auch oft die richtige Entsprechung:

1. You **must** know who I mean – she works for you.	*Du musst doch wissen, wen ich meine – sie arbeitet ja für dich.*
2. That **must have been** rather difficult.	*Das muss ziemlich schwierig gewesen sein.*
3. You **must** be David's father.	*Sie sind sicherlich Davids Vater.*

Wenn „müssen" eine hohe Wahrscheinlichkeit, eine sichere Annahme *oder* Überzeugung ausdrückt, verwendet man im Englischen *must* im Präsens (1) bzw. *must have* in Bezug auf Vergangenes (2). Oft gebraucht man im Deutschen in solchen Fällen „sicherlich", „bestimmt" oder „wohl" (3).

Dann gibt es auch die kleinen Notwendigkeiten des Lebens:

4. I really **must** have a bath.	*Ich muss unbedingt ein Bad nehmen.*
5. We **must** get together for a beer some time.	*Wir müssen mal zusammen ein Bier trinken gehen!*
6. **I've got to** be home by 11 o'clock.	*Ich muss bis um elf zu Hause sein.*
7. It's a pity you **have to** get up so early on weekdays.	*Es ist schade, dass du an Wochentagen so früh aufstehen musst.*
8. I just **had to** tell someone.	*Ich musste es einfach jemandem sagen.*
9. We**'ll** probably **have to** buy a present as well.	*Wir werden wohl auch ein Geschenk kaufen müssen.*

Bei Verpflichtungen und Notwendigkeiten im Einzelfall nimmt man im Präsens *must*, besonders wenn der Sprecher selbst etwas für nötig hält (4, 5), bzw. *have (got) to*, besonders wenn der „Druck" von außen kommt (6).

Bei regelmäßigen Verpflichtungen ist nur *have (got) to* möglich (7).

In den anderen Zeiten wird die entsprechende Form von *have to* verwendet (8, 9).

Vorhin haben wir gesehen, dass *mustn't* „darf nicht" entspricht. Wie übersetzt man dann „muss nicht" ins Englische?

10. You **don't have to** come/ **needn't** come if you don't want to.	*Du musst nicht kommen, wenn du nicht willst.*

11. I **don't have to** do this job, you know – I'm a qualified tree surgeon.	*Ich muss diese Arbeit nicht machen, weißt du – ich bin nämlich qualifizierter Baumchirurg!*
12. You **needn't** bother waiting for me with dinner.	*Ihr müsst nicht mit dem Essen auf mich warten.*

Die geläufigste englische Entsprechung von „nicht brauchen"/„nicht müssen" ist *not have to* (10, 11).

Nur wenn der Sprecher selbst etwas für unnötig hält, kann man auch *needn't* verwenden (12).

Eine letzte Variante vor der großen Übersicht:

13. You **should** know – it was your idea!	*Du müsstest es wissen, es war ja schließlich deine Idee!*
14. I **should have** realized she was only joking.	*Ich hätte wissen müssen, dass das nicht ihr Ernst war.*

Der Konjunktiv „müsste(n)" wird im Englischen mit *should* (Präsens, 13) bzw. *should have* (in Bezug auf Vergangenes, 14) ausgedrückt.

müssen

Was drückt es aus?	englische Entsprechung
feste Annahme, Überzeugung	***must*** (Präsens) ***must have*** (in Bezug auf Vergangenes)
Notwendigkeit, Verpflichtung	***must*** (Präsens), besonders wenn der Sprecher selbst etwas für nötig hält ***have (got) to*** (Präsens), besonders wenn äußere Bedingungen etwas notwendig machen entsprechende Form von ***have to*** (alle anderen Zeiten)

nicht müssen	
Was drückt es aus?	englische Entsprechung
etwas ist nicht notwendig	entsprechende Form von ***not have to*** (alle Zeiten) ***needn't*** (Präsens), ***needn't have*** (in Bezug auf Vergangenes), nur wenn der Sprecher etwas für nicht nötig hält

1.10.4 sollen

1. You **should** get/**ought to** get to bed at a reasonable hour!	*Du solltest zu einer vernünftigen Zeit ins Bett gehen!*
2. I **should have** stayed at home!	*Ich hätte zu Hause bleiben sollen!*

Wenn mit „sollen" eine höfliche oder bestimmte Aufforderung, ein Vorschlag oder ein Appell ans Gewissen (auch ans eigene) ausgedrückt wird, sagt oder schreibt man *should* oder *ought to* im Präsens (1) bzw. *should have/ought to have* in Bezug auf etwas Vergangenes (2).

3. The firm **is said to** be/ **is supposed to** be almost bankrupt.	*Die Firma soll kurz vor dem Bankrott stehen.*
4. Henry **is said to** have been/ **is supposed to** have been married seven times before.	*Henry soll schon sieben Mal verheiratet gewesen sein.*

Wenn „sollen" ein Gerücht bzw. eine unbestätigte Behauptung wiedergibt, verwendet man im Englischen die entsprechende Form von *be said to* oder *be supposed to* (3, 4).

5. The new ruling **is intended to/is meant to** make things easier for the consumer.	*Die neue Regelung soll Erleichterungen für den Verbraucher bringen.*

Wenn „sollen" eine Zielsetzung oder Absicht wiedergibt, nimmt man im Englischen die entsprechende Form von *be intended to* oder *be meant to* (5).

6. **I'm supposed to/I'm to** pick up a package for Mr Walker here.	*Ich soll hier ein Päckchen für Mr. Walker abholen.*

Wenn „sollen" eine Vereinbarung, eine Aufgabe, etwas Vorgesehenes o. Ä. ausdrückt, sagt oder schreibt man im Englischen *be supposed to* bzw. *be to* (6).

7. Three weeks later he **was to** win the National Lottery.	*Drei Wochen später sollte er im Lotto gewinnen.*

Wenn mit „sollte(n)" etwas über das zu erwartende Schicksal ausgedrückt wird, sagt man im Englischen *was to/were to*. Das, was beschrieben wird, ist inzwischen auch schon eingetreten (7).

Viele Deutsche machen den Fehler, „sollen" mit *shall* zu übersetzen. In Wirklichkeit geht das nur relativ selten:

8. **Shall** I/**Should** I open a window?	*Soll ich ein Fenster aufmachen?*
9. **Shall** I call a doctor?	*Soll ich einen Arzt holen?*
10. Where **shall** I put it?	*Wo soll ich's hintun?*
11. She asked whether she **should** serve the dessert.	*Sie fragte, ob sie die Nachspeise servieren soll(e).*

Nur bei Vorschlägen in Form einer Frage (8) bzw. bei Ja/Nein-Fragen (9) oder Fragen mit Fragewort (z. B. „wo", „wie", „wann") (10) entspricht „sollen" dem englischen *shall*.

Should wirkt bei Fragen im Präsens etwas zurückhaltender (8). Es wird auch in der indirekten Rede[1] verwendet (11).

! Häufiger ist *shall we* die englische Entsprechung von „wollen wir":

12. **Shall** we go?	*Wollen wir gehen?*

[1] vgl. Kapitel 1.11, S. 75 ff

sollen	
Was drückt es aus?	englische Entsprechung
Aufforderung, Vorwurf o. Ä. (= „es wäre besser, wenn …“)	***should/ought to*** (Präsens) ***should have/ought to have*** (in Bezug auf Vergangenes)
Gerücht, unbestätigter Bericht o. Ä. (= „angeblich/es heißt, dass …“)	***be said to/be supposed to*** (alle Zeiten)
Zielsetzung einer Maßnahme (= „mit … wird bezweckt, dass …“)	***be meant to/be intended to*** (alle Zeiten)
Vereinbarung, Aufgabe o. Ä. (= „es ist/war abgemacht, dass …“)	***be supposed to/be to*** (alle Zeiten)
eintretendes Schicksal (= „später ...“)	***was to/were to*** (nur in Bezug auf Vergangenes)
Vorschlag, Entscheidungsfrage/ Frage mit Fragewort	***shall*** (Präsens) ***should*** (Präsens oder indirekte Rede)

Eine letzte Variante von „sollen“:

13. I don't know **what to do**.	*Ich weiß nicht, was ich tun soll.*

Ein Nebensatz mit einem Fragewort + „sollen“ wird im Englischen meist mit einer Infinitivkonstruktion wiedergegeben (13).

1.10.5 Weitere Hilfsverben

Abschließend noch ein paar Anmerkungen zu „mögen“ und „wollen“:

1. That **may** be.	*Das mag sein.*
2. He **may** be good-looking, but he's thick!	*Er sieht vielleicht gut aus, aber er ist strohdumm!*
3. She **won't** tell us where the key is.	*Sie will uns nicht sagen, wo der Schlüssel ist.*
4. My car **won't** start.	*Mein Auto will nicht anspringen.*

Wenn „mögen“ einräumend verwendet wird, um auszudrücken, dass etwas möglich ist, sagt man im Englischen *may* (1, 2).
Wenn jemand oder etwas nicht will (= sich weigert, etwas zu tun), ist die englische Entsprechung *won't* (3, 4).

1.11 Die indirekte Rede

Die indirekte Rede erlaubt es uns, das wiederzugeben, was schon gesagt worden ist. Dabei wird die so genannte „direkte“ Rede (das, was geschrieben in Anführungsstrichen stünde: „ …“) in die indirekte oder „berichtete“ Rede umgewandelt.

Bei diesem Vorgang ändern sich die Zeiten, wie das folgende Beispiel zeigt:

1. – He's a bit hard of hearing.	– *Er ist ein bisschen schwerhörig.*
– What did she say?	– *Was hat sie gesagt?*
– She said you **were** a bit hard of hearing!	– *Sie hat gesagt, dass Sie ein bisschen schwerhörig seien* (oder *sind)!*

Steht das *Verb* im Einleitungssatz in einer Vergangenheitsform (z. B. *she said, she was saying, she had said, she had been saying*), dann verändert sich die Zeit des Verbs bei der Umformung von der direkten in die indirekte Rede (1).

1.11.1 Die Zeitenfolge

Hier eine Übersicht über die Verschiebung bei den verschiedenen Zeiten:

direkte Rede	→	**indirekte Rede**
"I'**m** exhausted," said Fred. *„Ich bin erschöpft“, sagte Fred.* **einfache Gegenwart**	→	Fred said (that) he **was** exhausted. *Fred sagte, er sei erschöpft.* **einfache Vergangenheit**
"I'**m writing** a horror story," said Marjorie. *„Ich schreibe eine Gruselgeschichte“, sagte Marjorie.* ***-ing*-Form der Gegenwart**	→	Marjorie said (that) she **was writing** a horror story. *Marjorie sagte, dass sie eine Gruselgeschichte schreibe.* ***-ing*-Form der Vergangenheit**

direkte Rede →	indirekte Rede
“I **saw** him in the park with another woman,” Jenny told me.	Jenny told me (that) she **had seen** him in the park with another woman.
„Ich habe ihn im Park mit einer anderen Frau gesehen“, sagte Jenny.	*Jenny sagte, sie habe ihn im Park mit einer anderen Frau gesehen.*
einfache Vergangenheit →	***Past Perfect*[1] *(had + Past Participle)***
“She **was running** for the bus when she tripped over the dog,” said the conductor.	The conductor said (that) she **had been running** for the bus when she (had) tripped over the dog.
„Sie rannte gerade zum Bus, als sie über den Hund stolperte“, sagte der Schaffner.	*Der Schaffner sagte, dass sie gerade zum Bus rannte, als sie über den Hund stolperte.*
***-ing*-Form der Vergangenheit** →	***-ing*-Form des *Past Perfect* (*had been* + *-ing*-Form)**
“She**’s** just **gone** to the bank,” said Philip.	Philip said (that) she **had** just **gone** to the bank.
„Sie ist gerade zur Bank gegangen“, sagte Philip.	*Philip sagte, sie sei gerade zur Bank gegangen.*
Present Perfect →	***Past Perfect***
“I**’ve been waiting** for hours!” said Michael.	Michael said (that) he **had been waiting** for hours.
„Ich warte schon seit Stunden!“, sagte Michael.	*Michael sagte, dass er schon seit Stunden gewartet habe.*
-ing*-Form des *Present Perfect →	***-ing*-Form des *Past Perfect***
“I **had** never **been** in love before,” Roger confessed.	Roger confessed (that) he **had** never **been** in love before.
„Ich war nie zuvor verliebt (gewesen)“, gestand Roger.	*Roger gestand, dass er nie zuvor verliebt gewesen sei.*
Past Perfect bleibt	***Past Perfect***

[1] Gelegentlich findet man aber auch in der indirekten Rede die einfache Vergangenheit.

direkte Rede →	indirekte Rede
"We **had been hoping** he wouldn't come," said Mary.	Mary said (that) they **had been hoping** he wouldn't come.
„Wir hatten gehofft, dass er nicht kommt (oder *kommen würde)", sagte Mary.*	*Mary sagte, sie hätten gehofft, dass er nicht kommt* (oder *kommen würde).*
-ing*-Form des *Past Perfect bleibt	***-ing*-Form des *Past Perfect***
"I'**ll let** you know," said Brian.	Brian said (that) he **would let** me know.
„Ich sage dir Bescheid", sagte Brian.	*Brian sagte, er würde mir Bescheid sagen.*
***will*-Zukunft** →	**Konditional I (*would* + Infinitiv)**
"We'**ll be passing** through Aberdeen," said Mr Evans.	Mr Evans said (that) they **would be passing** through Aberdeen.
„Wir werden durch Aberdeen fahren", sagte Mr. Evans.	*Mr. Evans sagte, dass sie durch Aberdeen fahren würden.*
***-ing*-Form der *will*-Zukunft** →	***-ing*-Form des Konditionals I (*would be* + *-ing*-Form)**
"He'**ll have gone** for a drink with his mates," said Jean.	Jean said (that) he **would have gone** for a drink with his mates.
„Er wird mit seinen Kumpeln einen trinken gegangen sein", sagte Jean.	*Jean sagte, dass er mit seinen Kumpeln wohl einen trinken gegangen sei.*
***Future Perfect* (*will/shall have* + *Past Participle*)** →	**Konditional II (*would have* + *Past Participle*)**
"They **will have been playing** bridge at that time," said Mr Thomson.	Mr Thomson said (that) they **would have been playing** bridge at that time.
„Sie werden um die Zeit wohl gerade Bridge gespielt haben", sagte Mr. Thomson.	*Mr. Thomson sagte, dass sie um die Zeit wohl gerade Bridge gespielt haben würden.*
-ing*-Form des *Future Perfect →	***-ing*-Form des Konditionals II**

Kurz zusammengefasst:

• Gegenwart	**go**	→	Vergangenheit	**went**
• Vergangenheit	**went**	→	*Past Perfect*	**had gone**
• *will*-Zukunft	**will go**	→	Konditional I	**would go**
• *Future Perfect*	**will have gone**	→	Konditional II	**would have gone**

Folgendes werden Sie nach den vielen Beispielen wohl selbst erkannt haben:

Die Sätze in der indirekten Rede können nach den Verben *say, tell, admit* und *think* mit oder ohne *that* geschrieben werden, aber auf jeden Fall ohne Komma! Nach *tell* muss immer ein Objekt folgen (wie *me, us, him* usw.).

Bei den Verben *reply, answer, add, remark, explain* und *state* dagegen steht fast immer *that* (auch hier kein Komma!).

1.11.2 Unvollständige Hilfsverben und andere Sonderfälle

Was die unvollständigen Hilfsverben betrifft, bleiben die meisten Formen bei der Wiedergabe in der indirekten Rede unverändert. Nur einige wenige werden umgewandelt:

direkte Rede →	indirekte Rede
1. "I **can't** understand what he's saying," remarked Sue. *„Ich verstehe kein Wort von dem, was er sagt", bemerkte Sue.*	Sue remarked that she **couldn't** understand what he was saying. *Sue bemerkte, dass sie kein Wort von dem verstehen könne, was er sagte.*
2. "We **may** be a bit late," warned Stan. *„Wir kommen vielleicht ein bisschen zu spät", warnte Stan.*	Stan warned that they **might** be a bit late. *Stan warnte, dass sie vielleicht ein bisschen zu spät kämen.*
3. "You **ought to** try and get a job," said Brenda. *„Du solltest versuchen, einen Job zu finden", sagte Brenda.*	Brenda said I **ought to** try and get a job. *Brenda sagte, ich sollte versuchen, einen Job zu finden.*

Folgende Zeitveränderungen sind bei den unvollständigen Hilfsverben in der indirekten Rede notwendig, wenn der Einleitungssatz in einer Vergangenheitsform steht (1, 2):

direkte Rede →	indirekte Rede
can	**could**
may (Möglichkeit)	**might**
will/shall	**would**
shall (in Fragen)	**should**

Folgende Hilfsverbformen bleiben in der indirekten Rede unverändert (3):

could, had better, might, needn't, ought to, should, used to, would.

Auch hier gibt es ein paar Sonderfälle:

direkte Rede →	indirekte Rede
4. "I **must** tell you what happened on Friday," she said. *„Ich muss dir erzählen, was am Freitag passiert ist", sagte sie.*	She said she **had to** tell me what (had) happened on Friday. *Sie sagte, sie müsse mir erzählen, was am Freitag passiert ist.*
5. "We **must** get some new wallpaper," said Reginald. *„Wir müssen unbedingt neue Tapeten kaufen", sagte Reginald.*	Reginald said they **must/would have to** get some new wallpaper. *Reginald sagte, sie müssten unbedingt neue Tapeten kaufen.*

Must wird in der indirekten Rede zu *had to* (4).
Ausnahme: Es handelt sich um eine zukünftige Notwendigkeit. In diesem Fall bleibt *must* entweder unverändert oder wird zu *would have to* umgeformt (5).

direkte Rede →	indirekte Rede
6. "You **needn't** come to church every day," said the priest. *„Sie müssen nicht jeden Tag in die Kirche kommen", sagte der Pfarrer.*	The priest said I **needn't** come/ I **didn't need to**/I **didn't have to** come to church every day. *Der Pfarrer sagte, ich müsse nicht jeden Tag in die Kirche kommen.*

In der direkten Rede hätte es ebenfalls heißen können: *"You don't have to come to church ..."* Deshalb:

Needn't bleibt in der indirekten Rede erhalten oder wird zu *didn't need to* bzw. *didn't have to* umgeformt (6).

Die Form *needn't have*, die ausdrückt, dass etwas in der Vergangenheit Geschehenes nicht hätte passieren, getan werden usw. müssen, bleibt unverändert.

direkte Rede →	**indirekte Rede**
7. "Mike **used to be** a woman called Doris," said Tina.	Tina told me Mike **used to be/had previously been** a woman called Doris.
„Mike war früher eine Frau namens Doris", sagte Tina.	*Tina sagte mir, dass Mike früher eine Frau namens Doris gewesen sei.*

Used to bleibt in der indirekten Rede entweder unverändert oder wird durch *had previously been* umschrieben (7).

1.11.3 Ausnahmen von den Regeln

Obwohl die Regeln der Zeitenfolge im Englischen grundsätzlich strenger eingehalten werden als im Deutschen, gibt es auch dort Fälle, die etwas flexibler gehandhabt werden:

direkte Rede →	**indirekte Rede**
1. "The world **is** round," said the teacher.	The teacher said (that) the world **was** round. / The teacher said (that) the world **is** round.
„Die Welt ist rund", sagte die Lehrerin.	*Die Lehrerin sagte, die Welt sei* (bzw. *ist) rund.*

Bei allgemeingültigen Aussagen ist in der indirekten Rede eine Änderung der Zeit nicht zwingend notwendig (1).

Sehen Sie sich nun folgendes Kurzgespräch an:

2. – What do you do?	*– Was machen Sie?*
– I **study** Ancient Greek.	*– Ich studiere Altgriechisch.*
– What was that you said?	*– Wie war das noch mal?*
– I said I **study** Ancient Greek.	*– Ich sagte, ich studiere Altgriechisch.*

Im letzten Satz hätte es streng nach der Regel heißen müssen: *"I said I **studied** Ancient Greek."* Da diese Aussage zweideutig sein könnte, wird hier auch in der indirekten Rede die einfache Gegenwart verwendet.

Wenn das, was in der direkten Rede gesagt wird, in der Gegenwartsform steht, kann diese Zeit in der indirekten Rede beibehalten werden, wenn das gegenwärtige Geschehen betont bzw. Missverständnisse vermieden werden sollen (2).

1.11.4 Fragen in der indirekten Rede

direkte Rede →	indirekte Rede
1. "Where **have** you **been** all night?" her father asked. *„Wo warst du die ganze Nacht?", fragte ihr Vater.*	Her father asked (her) where she **had been** all night. *Ihr Vater fragte (sie), wo sie die ganze Nacht gewesen sei.*
2. "How **will** you **get** there?" the policeman asked. *„Wie wollen Sie dort hinkommen?", fragte der Polizist.*	The policeman asked (us) how we **would get** there. *Der Polizist fragte (uns), wie wir dort hinkommen wollten.*
3. "**Do** you **like** Stravinsky?" the young man asked her. *„Mögen Sie Strawinsky?", fragte sie der junge Mann.*	The young man asked her **if/ whether** she **liked** Stravinsky. *Der junge Mann fragte sie, ob sie Strawinsky möge.*

Bei Fragen mit Fragewort ist die Wortstellung in der indirekten Rede wie im normalen Aussagesatz (1–3). Die Zeitenfolge ist ebenfalls gleich.

Wenn kein Fragewort (*who, what, how* usw.) in der Frage erscheint, setzt man bei der indirekten Rede das Wort *if* bzw. (etwas seltener) *whether* ein, die beide dem deutschen „ob" entsprechen (3).

1.11.5 Aufforderungen/Befehle (*tell, ask*)

direkte Rede →	indirekte Rede
1. “**Stop** staring at me!” he said to his sister.	He **told** his sister **to stop** staring at him.
„Starr mich nicht so an!", sagte er zu seiner Schwester.	*Er sagte zu seiner Schwester, sie solle ihn nicht so anstarren.*
2. “**Don't** keep changing channels!” Dad said to Pat.	Dad **told** Pat **not to** keep changing channels.
„Schalt nicht dauernd von einem Kanal zum anderen!", sagte Papi zu Pat.	*Papi sagte zu Pat, er solle nicht dauernd von einem Kanal zum anderen schalten.*
3. “**Could you** get me another coffee?” Ray asked his wife.	Ray **asked** his wife **to get** him another coffee.
„Könntest du mir noch einen Kaffee bringen?", bat Ray seine Frau.	*Ray bat seine Frau, ihm noch einen Kaffee zu bringen.*

Aufforderungen und Befehle werden in der indirekten Rede wie folgt behandelt:

Subjekt +	**Verb** +	**Objekt** +	***to*-Infinitiv** (1–3)
Jeremy	**told**	me	to shut up.
Sarah	**asked**	us	to go home.

1.11.6 Änderung von Zeit- und Ortsangaben

Das letzte Thema dieses Kapitels ist weniger eine Frage der Grammatik als eine der Logik. Achten Sie darauf, wie sich *this morning* im Folgenden ändert, je nachdem, an welchem Tag berichtet wird:

direkte Rede →	indirekte Rede
Donnerstag	zurückblickend am Donnerstag
"Helen finally rang me up **this morning**," Bill said.	Bill said that Helen had finally rung him up **this morning**.
	zurückblickend am Freitag
	Bill said that Helen had finally rung him up **yesterday morning**.
	zurückblickend am Samstag
	Bill said that Helen had finally rung him up **on Thursday morning**.
	zurückblickend an irgendeinem Tag, wenn der Donnerstag im Gespräch bereits erwähnt worden ist
	Bill said that Helen had finally rung him up **that morning**.

Wie im Deutschen müssen Adverbien und andere adverbiale Bestimmungen in der indirekten Rede geändert werden, wenn die zeitliche oder örtliche Perspektive beim Berichten anders ist. Hier eine Liste der wichtigsten Änderungen:

Zeitangaben	
today →	**that (same) day**
tonight	**that night**
this morning/afternoon/evening *usw.*	**that morning/afternoon/evening** *usw.*
yesterday	**the day before, the previous day**
tomorrow	**the next day, the following day**
now	(wird oft nicht wiedergegeben) **then, at that point (in time),** (sofort) **straightaway**

Zeitangaben		
next week/month/year		**the following week/month/year**
last night/week/month/year		**the previous night/week/month/year; the night/week/month/year before**
a week/month/year ago **a minute / an hour ago**		**a week/month/year before** **a minute/an hour before**
Ortsangaben		
here	→	wenn der Ort aus dem Zusammenhang klar hervorgeht **there, in that place, at that spot** wenn der Ort nicht klar ist, muss präzisiert werden, z. B. **in the library, at the disco** *usw.*
in this street *usw.*		**in that street** *usw.*
Demonstrativadjektive		
this, that **these, those**	→	*(mst)* **the** *(mst)* **the**

1.12 Der Imperativ (die Befehlsform)

Der Imperativ – auch als Befehlsform bekannt – erlaubt es uns, Anweisungen, Warnungen und dergleichen auszudrücken.

1.12.1 Die Bildung des Imperativs

Im Englischen gibt es jeweils nur eine Imperativform, egal ob man eine Person oder mehrere anspricht oder ob man die Person(en) duzt oder siezt.

1. **Look!**	*Sieh mal!*
2. **Stop** tickling me!	*Hör auf, mich zu kitzeln!*
3. And whatever you do, **don't mention** her ex-boyfriend.	*Was auch immer du tust, sag ja nichts über ihren Exfreund!*

Der Imperativ hat dieselbe Form wie der Infinitiv ohne *to* (1–3).
Durch Voranstellung von *don't* wird der Imperativ verneint (3).

1.12.2 Der Gebrauch des Imperativs

1. Stop that noise, **will you**!	*Hört doch auf mit dem Krach!*
2. Go to bed now, **will you**?	*Nun aber ab ins Bett, verstanden?*
3. Sit down over here, **would you**.	*Setzen Sie sich doch hier hin!*
4. Stop saying things like that, **would you**!	*Hören Sie jetzt bitte auf, solche Dinge zu sagen!*

- Durch Anhängen von *will you!* wird der Imperativ betont (1). Diese Form wird meistens auf familiärer Ebene benutzt, oft bei Kindern, Schülern usw.
- Durch Anhängen von *will you?* mit Fragezeichen klingt der Befehl freundlicher (2).
- Durch Anhängen von *would you* wird der „Befehl" zu einer höflichen (3) oder energischen Aufforderung (4).

Wie Sie sehen, muss der Imperativ im Englischen nicht immer mit einem Ausrufezeichen erscheinen. Dies gilt auch für Fälle folgender Art:

5. **Take** the meat out of the freezer and **defrost** it thoroughly.	*Nehmen Sie das Fleisch aus der Gefriertruhe und lassen Sie es völlig auftauen!*

Bei Anweisungen erscheint der Imperativ ohne Ausrufezeichen (5).

! Das Ausrufezeichen wird im Englischen nur bei gehobener Stimmführung benutzt und erscheint deshalb viel seltener als im Deutschen.

6. **You pick up** all those bricks you've thrown on the floor!	*Du hebst aber jetzt die ganzen Bausteine auf, die du auf den Boden geschmissen hast!*
7. Do**n't you answer** me back!	*Untersteh dich, mir zu widersprechen!*
8. **You wait** here and I'll talk to the surgeon.	*Warte hier, und ich rede mit dem Chirurgen.*

Durch die Einfügung von *you* klingt der Befehl bzw. die Aufforderung bestimmter oder auch bedrohlicher (6, 7). Bei einer gut gemeinten Aufforderung verleiht der Gebrauch von *you* dem Imperativ eine Art sanfte Bestimmtheit (8).

9. **Never forget** what I've told you.	*Vergiss nie, was ich dir gesagt habe!*

10. **Always lock** the front door when you leave the house. — *Schließ immer die Haustür ab, wenn du das Haus verlässt!*

Never und *always* können zur Verstärkung vor die Imperativform gesetzt werden (9, 10).

11. **Go and talk** to your teacher if you don't understand it. — *Red doch mit deinem Lehrer, wenn du es nicht verstehst!*
12. **Try and plug** the hole with some cotton wool. — *Versuch doch, das Loch mit Watte zuzustopfen!*

Der so genannte „Doppelimperativ" besteht aus zwei Verben, die durch *and* verbunden sind (nicht *to*!) (11, 12). Die Verben *go, come, try*[1] und *wait* werden oft auf diese Weise verwendet. Im Deutschen erscheint dafür meistens „doch".

1.13 Der Konjunktiv *(Subjunctive)*

1.13.1 Der Konjunktiv Präsens

Der Konjunktiv als grammatische Form ist im Englischen eine aussterbende Spezies und daher nur noch vereinzelt anzutreffen. Er erscheint beispielsweise in einigen festen Redewendungen, die man am besten auswendig lernt:

1. God **bless** you. — *Gott segne dich/Sie.* / (wenn jemand niest, auch) *Gesundheit!*
2. Heaven **forbid**. — *Gott behüte!*
3. Long **live** … — *Es lebe … !*

Das Wichtigste bei der Bildung des Konjunktiv Präsens erkennt man schon an diesen Beispielen:

Im Konjunktiv Präsens gilt für alle Personen die Grundform des Verbs (ohne *to*!) – z. B. *be, say, go* usw. (1–3). Also kein *-s* bei der 3. Person Singular!

Nach einigen Verben erscheint der Konjunktiv Präsens häufiger:

4. I suggested she **look** for another job. — *Ich schlug vor, dass sie sich nach einer neuen Stelle umsehen sollte.*
5. He demanded that the meeting **take** place within a week. — *Er verlangte, dass die Sitzung innerhalb einer Woche stattzufinden habe.*

[1] *try and* bei Vorschlägen, *try to* bei schwierigen bzw. unmöglichen Aufgaben

Verben, die einen Vorschlag, eine Bitte, eine Forderung, einen Befehl o. Ä. ausdrücken (wie z. B. *suggest, propose, ask, request, demand, insist*), werden oft mit dem Konjunktiv Präsens verbunden (4, 5).

In solchen Fällen ist eine Konstruktion mit *should*[1] aber auch möglich, ja sogar geläufiger:

6. I insisted that we **should meet** in the bar.	*Ich bestand darauf, dass wir uns in der Bar treffen sollten.*

Und noch eine letzte Anwendungsmöglichkeit des Konjunktivs Präsens:

7. It's vital that the deadline **be** met.	*Es ist zwingend notwendig, dass der Termin eingehalten wird.*

Bei Konstruktionen wie *it's important/vital/essential* o. Ä. (*that*)..., die die Dringlichkeit von etwas zum Ausdruck bringen, wird der Konjunktiv Präsens ebenfalls gebraucht (7).

1.13.2 Die Vergangenheitsform des Konjunktivs *(Past Subjunctive)*

Von der Form her ist die Vergangenheit des Konjunktivs mit der einfachen Vergangenheit identisch – mit einer einzigen Ausnahme:

1. I wish I **was/were** 20 years younger.	*Ich wünschte, ich wäre 20 Jahre jünger.*
2. Even if he **were** a millionaire I still wouldn't marry him.	*Auch wenn er Millionär wäre, würde ich ihn nicht heiraten!*

Beim Verb *to be* kann als Vergangenheitsform des Konjunktivs neben *I/he/she/it was* auch *I/he/she/it were* verwendet werden (1, 2).

Der Gebrauch dieser Zeitform beschränkt sich fast ausschließlich auf einige Wendungen, die in der Regel einen Wunsch oder einen Vorschlag ausdrücken:

3. I wish I **knew** her name.	*Ich wünschte, ich wüsste, wie sie heißt.*
4. **If I were you** I would get a divorce.	*Ich an deiner Stelle würde mich scheiden lassen.*
5. It's (about) time/It's high time you **grew** up.	*Es ist an der Zeit/höchste Zeit, dass du erwachsen wirst!*

[1] vgl. Kapitel 1.10, S. 65 ff.

1.14 Frageform und Verneinung

1.14.1 Die Frageform

Folgende Frageform ist für Deutschsprachige relativ unproblematisch:

1. **Is he** angry at you?	*Ist er sauer auf dich?*
2. **Have you been** on holiday?	*Waren Sie im Urlaub?*
3. **Will you marry** me?	*Heiratest du mich?*
4. **Must you make** such silly comments all the time?	*Musst du ständig diese dummen Kommentare abgeben?*

Fragesätze mit *be* (1) und den Hilfsverben *have* (*have seen, have said* usw.) (2), *will* (*will go* usw.) (3), *can, could, may, might, must* (4), *should, need* und *ought (to)* werden wie im Deutschen durch einfache Umstellung von Subjekt und Hilfsverb gebildet. Im Gegensatz zum Deutschen steht das Hauptverb nicht am Ende des Satzes (4).

In allen anderen Fällen unterscheidet sich die Satzgliedfolge im Englischen grundsätzlich von der im Deutschen:

5. **Do you think** I'm crazy?	*Glaubst du, ich bin verrückt?*
6. **Did you see** her face?	*Hast du ihren Gesichtsausdruck gesehen?*
7. **Did you have** a nice time?	*Habt ihr eine schöne Zeit gehabt?*
8. **Did he** ever **call** you back?	*Hat er sich je wieder bei dir gemeldet?*

Ansonsten werden Fragen folgendermaßen gebildet:

do/does (Präsens) bzw. *did* (Vergangenheit) + Infinitiv ohne *to* (5-8).
Die Satzgliedstellung ist wie folgt:

		Subjekt	Prädikat (Verb)	Objekt
Aussagesatz		**She**	**likes**	**him.**
Fragesatz	**Does**	**she**	**like**	**him?**

9. **When did you get** here?	*Wann bist du angekommen?*
10. **Where does he live**?	*Wo wohnt er?*
11. **Who sold you** this old banger?	*Wer hat dir denn diese alte Klapperkiste verkauft?*
12. **Which chapter comes** next?	*Welches Kapitel kommt als nächstes?*

Fragen mit Fragewörtern wie *when, why, which* usw. werden ebenfalls mit *do* + Infinitiv ohne *to* gebildet (9,10).

Ausnahme: wenn das Fragewort Subjekt (11) oder Teil des Subjekts des Satzes ist (12). Dann folgt das Verb ohne Umschreibung mit *do*.

1.14.2 Die Verneinung

1. That **isn't**/That**'s not** fair.	*Das ist ja nicht fair!*
2. We **haven't decided** where we're going on holiday yet.	*Wir haben noch nicht entschieden, wohin wir in Urlaub fahren.*
3. I **won't tell** anyone, I promise.	*Ich sag's niemandem, versprochen!*
4. You **shouldn't say** things like that.	*Du solltest solche Dinge nicht sagen.*
5. She **might not like** you.	*Vielleicht mag sie dich nicht.*

Sätze mit *be* (1) und den Hilfsverben *have* (2), *will* (3), *can, could, must, should* (4), *need* und *dare* bilden die Verneinung durch Anhängen von *-n't*.

Bei den Hilfsverben *may, might* und *ought (to)* sowie zur Betonung fügt man *not* hinzu (5).

Gelegentlich findet man auch *mightn't* und *oughtn't*.

Ein paar Tipps zur Schreibweise:

- *I am/I'm* wird zu *I'm not*, betont auch *I am not*.
- *I can* wird zu *I can't*, betont auch *I cannot* (zusammengeschrieben!).
- *I will/I'll* wird zu *I won't*, betont auch *I will not*.

Bei den anderen Verben verhält es sich ähnlich wie bei der Frageform:

6. I **don't know** where my glasses are.	*Ich weiß nicht, wo meine Brille ist.*
7. I **didn't mean** it like that.	*So habe ich's nicht gemeint.*
8. I **didn't have** time to give you a ring.	*Ich habe keine Zeit gehabt, dich anzurufen.*

Die anderen Verben bilden die Verneinung wie folgt:

don't/doesn't (Präsens) bzw. *didn't* (Vergangenheit) + Infinitiv ohne *to* (6,7).

Das gilt auch, wenn *have* Vollverb ist (8).

Nur zur Betonung bzw. im förmlichen Stil wird *not* voll ausgeschrieben.

Abschließend eine Besonderheit, die für das britische Englisch charakteristisch ist: Im Präsens gibt es für *have* im Sinne von „besitzen, haben" zwei mögliche Formen der Verneinung:

9. I **haven't got**/I **don't have** many friends.	Ich habe nicht viele Freunde.

1.14.3 Die verneinte Frage

Verneinte Fragen sind in der Regel rhetorisch – d. h., man rechnet mit einer zustimmenden bzw. mit gar keiner Antwort:

1. **Isn't this** a lovely party?	*Ist das nicht eine tolle Party?*
2. **Can't you look** where you're going?	*Können Sie nicht ein bisschen besser aufpassen?*
3. **Don't you realize** what that means?	*Weißt du nicht, was das bedeutet?*

Bei verneinten Fragen wird *-n't* an das erste Verb (mst. Hilfsverb) angehängt (1–3).

! *am I* wird zu *aren't I*!

1.14.4 Kurzantworten

1. – **Do** you understand? – Yes, **I do**./No, **I don't**.	*– Verstehen Sie das?* *– Ja (, ich verstehe)./Nein (, ich verstehe das nicht).*
2. – **Can** we go now? – Yes, **we can**./No, **we can't**.	*– Können wir jetzt gehen?* *– Ja (, können wir)./Nein (, können wir nicht).*
3. – **Did** you remember the passports? – Yes, **I did**./No, **I didn't**.	*– Hast du an die Reisepässe gedacht?* *– Ja (, habe ich)./Nein (, habe ich nicht).*

Bei Kurzantworten wird das erste Verb (mst. Hilfsverb) des Fragesatzes wiederholt (1–3).

1.14.5 Frageanhängsel

Bei einer Frage möchte man sich oft die Zustimmung des Gesprächspartners gewissermaßen von vornherein sichern. Ein probates Mittel dazu im Deutschen ist die Hinzufügung eines Anhängsels wie „nicht wahr?“, „gell?“, „ne?“ bzw. „oder?“ an das Ende der Frage. Auch im Englischen hat man so seine Möglichkeiten:

1. You are a friend of Mark's, **aren't you**?	*Sie sind doch ein Freund von Mark, nicht wahr?*
2. You have invited Rosie, **haven't you**?	*Du hast Rosie schon eingeladen, gell?*
3. We can't ask her to do that, **can we**?	*Das können wir doch nicht von ihr verlangen, oder?*
4. She didn't pay for your meal too, **did she**?	*Sie hat doch nicht auch dein Essen bezahlt, oder?*

Bei Fragen, die eine Bestätigung erwarten oder erhoffen, provozieren oder einfach eine Aussage emotional hervorheben wollen, werden *be*, *have* und die Hilfsverben (*will, can, must, should* usw.) wiederholt (so genannte „Frageanhängsel“).

Ein bejahter Satz wird im Frageanhängsel verneint (1, 2), ein verneinter Satz bejaht (3, 4).

Da Fragen mit anderen Verben mit *do* gebildet werden, empfehlen wir zunächst einen Zwischenschritt: Bilden Sie als Erstes eine „normale Frage“, bis das Ganze automatisch abläuft, z. B.:

5. You know the answer. → **Do you know** the answer?	→ **You know** the answer, **don't you**?
6. She travels a lot. → **Does she travel** a lot?	→ **She travels** a lot, **doesn't she**?

Die Vollverben (außer *be* und *have*) bilden Frageanhängsel mit der entsprechenden Form von *do* (5, 6).

2 Die Artikel

2.1 Der unbestimmte Artikel

Beim unbestimmten Artikel geht es um die englischen Entsprechungen von „ein(e)“ usw. So unscheinbar diese Wörter auch sein mögen, stellen sie dennoch eine der häufigsten Fehlerquellen deutschsprachiger Englischlernender dar. Deswegen wollen wir auch hier ganz gezielt auf die Probleme eingehen, die Deutsche erfahrungsgemäß mit dem unbestimmten Artikel im Englischen haben.

2.1.1 Die Bildung des unbestimmten Artikels

1. **a** meeting
2. **a** train
3. **a** hotel
4. **a** unit
5. **a** TV
6. **an** agreement
7. **an** egg
8. **an** hour
9. **an** uncle
10. **an** MCP (= *Chauvi*)

Der unbestimmte Artikel *a* steht vor Wörtern, die in der Aussprache mit einem Konsonanten (Mitlaut wie *b,g,m,n* usw.) beginnen (1–5). Die Schreibung ist dabei unerheblich (vgl. 4: *unit*, gesprochen [ˈjuːnɪt]).

Der unbestimmte Artikel *an* steht vor Wörtern, die in der Aussprache mit einem Vokal *(a,e,i,o,u)* beginnen (6–10). Auch hier ist die Schreibweise irrelevant (vgl. 8: *hour,* gesprochen [ˈaʊə]). Das „*-n*“ von *an* wird beim Sprechen mit dem darauf folgenden Wort verbunden (vgl. *an apple*, gesprochen [əˈnæpl]).

2.1.2 Der Gebrauch des unbestimmten Artikels

1. I thought he was **an Englishman,** too, but in fact he's Irish.	*Ich dachte auch, dass er Engländer sei, aber er ist eigentlich Ire.*
2. – Are you **a Germanist**? – No, I'm **a Catholic**.	*– Sind Sie Germanist?* *– Nein, ich bin Katholik.*
3. Did you know he's **a plastic surgeon**?	*Wusstest du, dass er Schönheitschirurg ist?*
4. He's **a boy scout**.	*Er ist Pfadfinder.*
5. Her husband's **a Scientologist**, not a scientist!	*Ihr Mann ist Scientologe, nicht Naturwissenschaftler!*

Im Gegensatz zum Deutschen wird der unbestimmte Artikel im Englischen bei Angaben zu Staatsangehörigkeit (1), Konfession (2, 5), Beruf (3) und ganz allgemein bei Gruppenzuordnungen (2, 4) verwendet.

Noch ein wichtiger Unterschied zum deutschen Gebrauch:

	6. Would you like to be **a princess**?	*Möchtest du Prinzessin sein?*
	7. He's **an MP**.	*Er ist Unterhausabgeordneter.*
Aber:	8. She's **MP for Southend-on-Sea**.	*Sie ist Unterhausabgeordnete für Southend-on-Sea.*

Auch bei Titeln (6) und Ämtern (7) wird im Englischen der unbestimmte Artikel verwendet.

Ausnahme: Den Titel bzw. das Amt kann nur eine Person innehaben – kein unbestimmter Artikel (8)!

Auch in folgenden Fällen gibt es Unterschiede zwischen Deutsch und Englisch:

	9. **As an expert** in this field I should know.	*Als Experte auf diesem Gebiet muss ich es doch wissen.*
Aber:	10. **As Chairman of the Board** he has all the power he needs.	*Als Vorstandsvorsitzender hat er alle Macht, die er braucht.*

Nach *as* (= *als*) wird in der Regel der unbestimmte Artikel gebraucht (9).

Ausnahme: Das betreffende Amt o. Ä. kann nur eine Person innehaben (10).

11. The apples are only **25p a pound**.	*Die Äpfel kosten nur 25 Pence das Pfund.*
12. He can do over **50 miles an hour** on his new bike.	*Mit seinem neuen Fahrrad schafft er über 80 km/h.*
13. We go to church at least **twice a year**.	*Wir gehen mindestens zweimal im Jahr in die Kirche.*

Bei Angaben zu Preis (11), Geschwindigkeit (12), Häufigkeit (13) o. Ä. entspricht das englische *a/an* dem deutschen „pro", „je", „in der/im …" usw.

14. He claims he's had over **a thousand** girlfriends.	*Er behauptet, dass er über tausend Freundinnen gehabt hat.*

Vor *hundred* und *thousand* steht im Englischen *a* (14) bzw. (zur Betonung) *one*.

Bisher behandelten wir ausschließlich Fälle, in denen der unbestimmte Artikel nur im Englischen gebraucht wird. Den umgekehrten Fall gibt es aber auch:

15. Quick, I need **some information** on flight times!	*Schnell, ich brauche eine Information über Flugzeiten!*
16. Did he have **any advice** for you?	*Hatte er einen Ratschlag für dich?*
17. I've got **good news** and **bad news** for you.	*Ich habe eine gute und eine schlechte Nachricht für dich.*
18. Only **one piece of hand luggage** per passenger.	*Nur ein Handgepäck pro Fluggast!*

Bei *information, news, advice* und *hand luggage* steht im Englischen kein unbestimmter Artikel. Stattdessen verwendet man *some* (15) bzw. in Fragen und in der Verneinung *any* (16) oder auch gar nichts (17).

Wenn man betonen möchte, dass es sich um eine Information usw. handelt, kann man auch *a piece of* sagen (18).

Manche Gegenstände bestehen für den Engländer – rein sprachlich gesehen! – aus zwei gleichen Teilen, für den Deutschen aber nicht:

19. Put on **a** different **pair of trousers**, would you!	*Zieh doch bitte eine andere Hose an!*
20. Do you need **glasses** or something?	*Brauchst du eine Brille oder was?*

Bei folgenden Wörtern wird im Englischen der unbestimmte Artikel nicht verwendet. Stattdessen sagt man *some* bzw. *any, a pair of* (19) oder auch gar nichts (20). Die Liste ist der besseren Übersichtlichkeit halber nach Sachgruppen unterteilt.

(a pair of) glasses	*eine Brille*
(a pair of) binoculars	*ein Fernglas*
(a pair of) goggles	*eine Schutz-/Taucherbrille*
(a pair of) trousers	*eine Hose*
(a pair of) jeans	*(eine) Jeans*
(a pair of) shorts	*(eine) Shorts*
(a pair of) swimming trunks	*eine Badehose*
(a pair of) underpants	*eine Unterhose*
(a pair of) panties	*ein Damenslip*

(a pair of) pants	*eine Unterhose*[1]
(a pair of) pyjamas	*ein Schlafanzug*
(a pair of) scissors	*eine Schere*
(a pair of) scales[2]	*eine Waage*

Diese Wörter werden im Englischen alle im **Plural** gebraucht.

2.1.3 Der unbestimmte Artikel als Zahlwort

Der unbestimmte Artikel *a/an* ist im Englischen zugleich auch ein Zahlwort. Er wird nur dann verwendet, wenn das jeweilige Substantiv auch „gezählt" werden und im Plural stehen kann. Wenn ein Substantiv nicht zählbar ist, also keine Pluralform hat, ist es nur logisch, dass der unbestimmte Artikel nicht gebraucht wird. Das ist im Deutschen nicht anders (man sagt z. B. nicht „ein Mitleid") und bereitet im Allgemeinen keine Probleme.

Allerdings kann man im Deutschen bei feststehenden Ausdrücken wie „was für ein(e)", „so ein(e)" oder „solch ein(e)" usw. den unbestimmten Artikel verwenden, obwohl das dazugehörige Substantiv gar nicht im Plural stehen kann. In solchen Fällen wird im Englischen *a/an* nicht verwendet:

1. **What a** lovely bobble hat!	*Was für eine hübsche Pudelmütze!*
2. **What** dreadful weather!	*Was für ein scheußliches Wetter!*
3. I've never seen **such** beautiful snow.	*Ich habe noch nie so einen schönen Schnee gesehen.*

Nur wenn das anschließende Substantiv zählbar ist, wird nach *what* bzw. *such* der unbestimmte Artikel benutzt (1). Ansonsten steht kein Artikel (2, 3).

! Ein paar Tipps: Fragen Sie sich, ob man „*two* + Substantiv" sagen kann – dann ist das Wort auch zählbar, z. B. *hat* → *two hats*. *Snow* aber steht nur im Singular.

Außerdem: Die meisten abstrakten Begriffe können nur im Singular stehen (z. B. *happiness, anger* usw.).

Beachten Sie jedoch: *What a pity/What a shame!* = *Wie schade!*

[1] Im amerikanischen Englisch bedeutet *pants* „eine Hose"; [2] Heute findet man auch *a scale*.

2.1.4 Die Stellung des unbestimmten Artikels

Hier gibt es ein paar Sonderfälle zu beachten:

1. We only met **half an hour** ago.	*Wir haben uns erst vor einer halben Stunde kennen gelernt.*
2. She waited for **quite a while**.	*Sie wartete eine ziemlich lange Zeit.*
3. That's **rather a / a rather** personal question.	*Das ist eine ziemlich persönliche Frage.*

Der unbestimmte Artikel steht in der Regel nach *half* und *quite* (1, 2) und wahlweise vor oder nach *rather* (3).

Beachten Sie:
- „Ein halbes Jahr" wird normalerweise im Englischen mit *six months* wiedergegeben.
- Im amerikanischen Englisch hört man auch *a half hour*.

Und nun streng nach dem Motto „jedem das Seine" noch eine letzte kleine Regel:

4. We'd love to have **a house of our own.**	*Wir hätten so gern ein eigenes Haus.*

Die übliche englische Entsprechung von „ein eigener/eigenes, eine eigene" usw. ist:

a/an + Substantiv + *of my/your/his/her/its/our/their own* (4) bzw.

my/your/his/her/its/our/their own + Substantiv.

2.2 Der bestimmte Artikel

Beim bestimmten Artikel geht es nun um die englische Entsprechung von „der, die, das" usw.

2.2.1 Die Bildung des bestimmten Artikels

Und wieder mal eine gute Nachricht gleich vorweg: So kompliziert wie der bestimmte Artikel im Deutschen mit seinen drei Geschlechtern und den verschiedenen Fällen ist das englische Gegenstück noch lange nicht:

1. **the** table	***der*** *Tisch*	3. **the** knife	***das*** *Messer*
2. **the** fork	***die*** *Gabel*	4. **the** spoons	***die*** *Löffel*

Der bestimmte Artikel im Englischen heißt *the*, ganz egal, ob das Substantiv im Deutschen männlich, weiblich oder sächlich ist (1–3).

Diese Form gilt auch für den Plural (4).

Allein in der Aussprache gilt es, einen wichtigen Unterschied zu beachten:

5. the coast	*die Küste*	7. the hotel	*das Hotel*
6. the island	*die Insel*	8. the hour	*die Stunde*

Vor Wörtern, die in der Aussprache mit einem Konsonanten beginnen, spricht man *the* [ðə] aus (5,7).

Vor Wörtern, die in der Aussprache mit einem Vokal anfangen, sagt man [ði:]. Diese Form wird auch zur Betonung verwendet:

This is the [ði:] chance! – *Das ist die Gelegenheit (schlechthin)!*

2.2.2 Der Gebrauch des bestimmten Artikels

Ganz allgemein muss man feststellen: Dieser Artikel ist bei weitem nicht so gefragt wie seine deutsche Entsprechung. Im Folgenden wird eine Reihe von Fällen behandelt, in denen der bestimmte Artikel im Deutschen verwendet wird, im Englischen dagegen nicht:

1. Are you looking forward to going to **school**?	*Freust du dich denn darauf, in die Schule zu kommen?*
2. Do I have to go to **church** every Sunday, Mum?	*Muss ich denn auch jeden Sonntag in die Kirche, Mama?*
3. Nicole was taken to **hospital** with concussion.	*Nicole wurde mit einer Gehirnerschütterung ins Krankenhaus gebracht.*
4. When does your dad get out of **prison**, Brian?	*Wann wird dein Papa aus dem Gefängnis entlassen, Brian?*
5. I can't get out of **bed** in the mornings.	*Ich komme morgens einfach nicht aus dem Bett.*

Folgende Wörter werden ohne *the* gebraucht, sofern ihre Funktion als Institution oder Einrichtung im Vordergrund steht:

school (1), college, university; work; church (2); hospital (3); prison (4), court; bed (5).

Allerdings ist der Gebrauch von *the* mit diesen Wörtern auch möglich:

6. Hey, Mike, there's a fire at **the school** – let's go and cheer!	*Hey, Mike, die Schule brennt! Gehen wir doch hin zum Jubeln!*
7. My wife cleans **the church** every week.	*Meine Frau putzt jede Woche die Kirche.*
8. Johnny is giving another live concert in **the prison** tomorrow.	*Johnny gibt morgen wieder ein Livekonzert im Gefängnis.*
9. She told him to hide under **the bed**.	*Sie sagte ihm, er solle sich unterm Bett verstecken.*

Der bestimmte Artikel *the* wird bei *school, church, hospital, bed* usw. verwendet, wenn der konkrete Gegenstand (z. B. das Gebäude) gemeint ist (6–9).

Von den statischen nun zu mobilen Einrichtungen:

10. – Did you come **by car** or **by bus**? – Actually I came **by bike**.	*– Sind Sie mit dem Auto oder mit dem Bus gekommen?* *– Weder noch – ich bin mit dem Fahrrad da.*

Verbindungen aus *by* + Verkehrsmittel (als allgemeine Transportmöglichkeit) stehen ohne *the* (10).

Ganz anders ist es aber in folgenden Fällen:

11. **The train** was late, **the bus** broke down, and **the taxi** didn't turn up at all.	*Der Zug hatte Verspätung, der Bus hatte eine Panne, und das Taxi kam überhaupt nicht.*

Der bestimmte Artikel wird bei Verkehrsmitteln verwendet, wenn man an einen ganz bestimmten Bus, Zug o. Ä. denkt (11).

Jetzt wird's sozusagen „kalendarisch":

12. Things are pretty quiet around here **in February**.	*Hier ist im Februar nicht viel los.*
13. I start my new job **on Monday**.	*Den neuen Job fange ich am Montag an.*

Monate sowie Wochen- und Feiertage stehen im Englischen – sofern sie als allgemeine Zeitangaben gebraucht werden – ohne *the* (12, 13).

Natürlich gibt es auch hier die Ausnahme:

14. **The Christmas that you broke your right arm** was one to remember.	*An das Weihnachtsfest, an dem du dir deinen rechten Arm gebrochen hast, werde ich mich immer erinnern.*
15. I'll never forget **the Monday after my 30th birthday**.	*Den Montag nach meinem 30. Geburtstag werde ich nie vergessen!*

Nur wenn von einem ganz bestimmten Monat bzw. Wochen- oder Feiertag die Rede ist – also einem, der durch einen Zusatz näher definiert ist –, wird im Englischen der bestimmte Artikel verwendet (14, 15).

! Bei Jahreszeiten ist der Gebrauch von *the* nach einer Präposition (wie *in*) möglich, aber nicht sehr gebräuchlich:

16. What's the weather like in (the) winter here?	*Wie ist das Wetter hier im Winter?*

Von den Jahreszeiten nun zu den Mahlzeiten:

17. **Lunch** is nearly ready.	*Das Mittagessen ist fast fertig!*
18. I'll drop by after **dinner**.	*Ich schaue nach dem Abendessen vorbei.*

Bei Namen von Mahlzeiten wird im Englischen im Allgemeinen kein bestimmter Artikel gebraucht (17, 18).

Auch hier gibt es wieder spezielle Fälle:

19. **The dinner we had there** was simply magnificent.	*Das Abendessen, das wir dort bekamen, war einfach einmalig.*

Nur wenn die Bezeichnung einer Mahlzeit durch eine Zusatzangabe näher definiert ist, wird der bestimmte Artikel im Englischen verwendet (19).

Auch bei Namen gelten die bisher aufgeführten Regeln:

20. What's wrong with **Wendy**?	*Was hat denn Wendy?*
21. Where's **Dad**?	*Wo ist denn Papa?*
22. **Old Walter** won't mind if we have a glass of his whisky.	***Der** alte Walter wird wohl nichts dagegen haben, wenn wir uns bei seinem Whisky bedienen.*
23. **Dr Barker** is an excellent physician.	*Frau Doktor Barker ist eine ausgezeichnete Ärztin.*

Personennamen im Singular sowie Verwandtschaftsbezeichnungen werden in der Regel ohne *the* gebraucht (20, 21).

Das gilt auch, wenn ein Adjektiv oder ein Titel davorsteht (22, 23).

Aber auch hier wirkt sich eine einschränkende Bemerkung auf den Gebrauch des bestimmten Artikels aus:

24. **The Alison I mean** was in my class at school.	*Die Alison, die ich meine, ging mit mir in die Schule.*

Wird der Name durch eine Zusatzbemerkung eingeschränkt, dann steht der bestimmte Artikel davor (24).

Im Plural sieht es ganz anders aus – ausnahmsweise kommen die Deutschen mal ohne Artikel aus, die Englischsprachigen aber nicht:

25. We've been invited to **the Coopers** for brunch.	*Wir sind bei (den) Coopers zum Brunch eingeladen.*

Bei Familiennamen im Plural wird der bestimmte Artikel im Englischen – oft anders als im Deutschen – immer verwendet (25).

Nun erweitern wir unseren Horizont ein wenig:

26. We'd planned to go to **Turkey**, but in the end we went skiing in **Switzerland**.	*Wir wollten ursprünglich in die Türkei, aber am Schluss sind wir dann zum Skilaufen in die Schweiz gefahren.*
27. We used to live in **Vinicombe Street**.	*Früher wohnten wir in der Vinicombe Street.*
28. The demonstration ended at **Trafalgar Square**.	*Die Demonstration endete am Trafalgar Square.*
29. **Mount Everest** is rapidly becoming a mountain of rubbish.	*Der Mount Everest wird immer mehr zum Müllberg.*
30. We spent our last summer holidays at **Lake Geneva**.	*Unseren letzten Sommerurlaub verbrachten wir am Genfer See.*

Bezeichnungen von Ländern (26), Straßen (27), Plätzen (28), Bergen (29) und Seen (30) stehen im Englischen in der Regel ohne *the*.

Pluralnamen sind dagegen für Deutschsprachige unproblematisch:

31. **the Philippines**	*die Philippinen*

32. **the Channel Islands** — *die Kanalinseln*
33. **the Bahamas** — *die Bahamas*
34. **the Alps** — *die Alpen*

Zwischendurch wieder mal einer der wenigen Fälle, in denen der bestimmte Artikel im Englischen – im Gegensatz zum Deutschen – verwendet wird:

35. Maybe she can sing and play **the guitar** – but she's still a hopeless teacher! — *Mag sein, dass sie singen und Gitarre spielen kann, sie ist aber trotzdem eine Niete als Lehrerin!*

Bei Musikinstrumenten wird im Englischen generell der bestimmte Artikel verwendet (35).

Nun zum letzten wichtigen Unterschied zwischen den beiden Sprachen in diesem Abschnitt:

36. He broke **his nose** skateboarding. — *Er hat sich beim Skateboardfahren die Nase gebrochen.*
37. She took off **her coat** and made herself at home. — *Sie zog den Mantel aus und machte es sich bequem.*

Aber: 38. **He** looked **her in the eye** and said, "No way!" — *Er sah ihr in die Augen und sagte: „Niemals!"*

Bei Körperteilen und Kleidungsstücken wird im Englischen – im Gegensatz zum Deutschen – das Possessivpronomen (*my, your, his, her, its, our, their*) verwendet (36, 37).

Ausnahme: Wenn die Person, von deren Körperteil bzw. Kleidungsstück die Rede ist, nicht Subjekt des Satzes ist, dann lautet die Struktur in der Regel wie in Beispiel 38:

Subjekt	+	**Verb**	+	**Personalpronomen**	+	**Präposition**	+	***the***	+	Körperteil bzw. Kleidungsstück
She		**took**		**him**		**by**		**the**		**arm.**

2.2.3 Der bestimmte Artikel bei abstrakten Begriffen

Auch hier tendieren deutschsprachige Englischlernende dazu, *the* viel zu oft zu gebrauchen. Aber damit das Thema nicht zu abstrakt bleibt, gleich ein paar konkrete Beispiele für den richtigen Gebrauch:

1. He's one of those loonies who think they can change **society**.	*Er ist einer jener Spinner, die glauben, die Gesellschaft ändern zu können.*
2. **Religion, race** and **colour** mean nothing to me.	*Die Religion, die Rasse und die Hautfarbe bedeuten mir alle nichts.*

Abstrakte Begriffe wie *love, hate, happiness, anger, luck, man* (= *der Mensch*), *posterity* (= *die Nachwelt*) usw. werden in der Regel ohne *the* gebraucht (1, 2).

3. Is **television** still good value for money?	*Ist das Fernsehen immer noch sein Geld wert?*

Bei diesem Beispiel geht es nicht etwa um einen Fernsehapparat, sondern um das Fernsehen als „Institution".

Beachten Sie auch:

4. What's on (the) television tonight?	*Was kommt heute Abend im Fernsehen?*

Zurück zu den abstrakten Begriffen. Was passiert, wenn diese durch einen Zusatz modifiziert werden?

	5. **True love** is hard to find.	*Die wahre Liebe lässt sich nur schwer finden.*
	6. **German industry** is facing a major crisis.	*Die deutsche Industrie steht vor einer schweren Krise.*
Aber:	7. **The German car industry** has been badly hit by the recent scandals.	*Die deutsche Automobilindustrie ist durch die Skandale der letzten Zeit schwer angeschlagen.*

Im Allgemeinen werden abstrakte Begriffe auch dann ohne *the* verwendet, wenn ein Adjektiv vor ihnen steht (5, 6).

Ausnahme: Wenn durch das Adjektiv das Substantiv so präzisiert wird, dass es bewusst als bestimmter Teilbereich eines größeren Ganzen dargestellt wird (7).

Wenn die Modifizierung aber erst nach dem Substantiv erfolgt, sieht es meistens ganz anders aus:

8. **The love she found** was not to last.	*Die Liebe, die sie fand, sollte nicht lange währen.*

9. **The people sitting at the back of the room** started to get restless. — *Die Leute, die im hinteren Teil des Raumes saßen, wurden langsam unruhig.*

Aber: 10. **People of my generation** tend not to like today's pop music at all. — *Die Leute meiner Generation mögen in der Regel die heutige Popmusik überhaupt nicht.*

Abstrakte Begriffe mit nachfolgender Modifizierung werden meistens mit *the* verbunden (8, 9).

Ausnahme: wenn es sich trotz der Modifizierung eindeutig um eine Verallgemeinerung handelt (10).

Wie Sie sehen: Das Entscheidende ist immer, ob es sich um etwas Allgemeines (ohne *the*) oder um etwas Spezifisches (mit *the*) handelt.

2.2.4 Die Wortstellung beim bestimmten Artikel

Wie beim unbestimmten Artikel hält sich die Zahl der Problemfälle auch hier in Grenzen:

1. The theme park offers **double the fun** for **half the price**. — *Der Freizeitpark bietet den doppelten Spaß zum halben Preis.*
2. **All the seats** were taken. — *Alle Plätze waren besetzt.*
3. **Both (the) flats** had already been sold. — *Beide Wohnungen waren bereits verkauft worden.*

The steht hinter *half, double* und *all* (1, 2). Gelegentlich erscheint es auch hinter *both*, jedoch nie davor (3)!

Bei *most* hängt die Formulierung von der Bedeutung ab:

4. **Most men** find her irresistible. — *Die meisten Männer finden sie unwiderstehlich.*
5. **Most of the men** found her irresistible. — *Die meisten (der) Männer fanden sie unwiderstehlich.*

Most ohne *the* wird bei allgemeinen Aussagen verwendet (4).

Most of the + Substantiv deutet an, dass es sich um die Mehrheit in einer bestimmten Gruppe handelt (5).

3 Das Substantiv

3.1 Der Plural

3.1.1 Die Bildung des Plurals

Beim Plural (der Mehrzahl) haben Sie es wieder mal leichter als englische Deutschlernende:

1. car	– car**s**	3. plate	– plate**s**
2. camera	– camera**s**	4. song	– song**s**

Der Plural des Substantivs wird meistens durch Anhängen von *-s* an den Singular gebildet (1–4).

Und nun die Ausnahmen:

5. bus	– bus**es**	8. church	– church**es**
6. pass	– pass**es**	9. fax	– fax**es**
7. crash	– crash**es**		

Substantive, die auf *-s, -ss, -sh, -ch* oder *-x* enden, bekommen im Plural *-es* angehängt (5–9).

Und beim Ypsilon sieht es so aus:

	10. body	– bod**ies**	12. fly	– fl**ies**
	11. brandy	– brand**ies**	13. hobby	– hobb**ies**
Aber:	14. toy	– toy**s**	15. play	– play**s**

Bei Substantiven, die mit einem *-y* nach einem Konsonanten (*b, d, p* usw.) enden, wird das *-y* im Plural zu *-ies* (10–13).

Wenn ein *-y* am Ende nach einem Vokal erscheint, wird einfach ein *-s* angehängt (14, 15).

3.1.2 Unregelmäßige Pluralformen

1. The **shelves** I put up have fallen down.	*Die Regalbretter, die ich aufgehängt habe, sind heruntergefallen.*
2. For some reason the men don't want their **wives** to be at the party.	*Aus irgendeinem Grund wollen die Männer nicht, dass ihre Frauen bei der Party dabei sind.*

Bei Substantiven, die auf *-f* bzw. *-fe* enden, wird aus dem *-f(e)* im Plural *-ves* (1, 2). Einige wichtige Beispiele:

calf – cal**ves**	half – hal**ves**	leaf – lea**ves**
life – li**ves**	loaf – loa**ves**	knife – kni**ves**
shelf – shel**ves**	wife – wi**ves**	wolf – wol**ves**

Manche Wörter können zusätzlich den Plural durch Anhängen von *-s* bilden:

hoof – hoo**ves**/hoof**s**	dwarf – dwar**ves**/dwarf**s**
scarf – scar**ves**/scarf**s**	wharf – whar**ves**/wharf**s**[1]

Bei der Endung *-o* ist die Sache nicht so eindeutig:

3. My daughter's allergic to **tomatoes**.	*Meine Tochter ist gegen Tomaten allergisch.*
4. She used to eat two **kilos** of them a day.	*Früher aß sie zwei Kilo davon am Tag.*
5. Now she's switched to **avocado(e)s.**	*Jetzt ist sie auf Avocados umgestiegen.*

Viele Substantive, die auf *-o* enden, bilden den Plural auf *-oes* (3). Einige wichtige Beispiele:

cargo – carg**oes**[2], hero – her**oes**, potato – potat**oes**

Andere dagegen haben einfach *-s* im Plural (4). Das gilt grundsätzlich für folgende Kategorien:

- Kurzformen (wie kilo – kilo**s**, photo – photo**s**)
- Völkernamen (wie Eskimo – Eskimo**s**, Filipino – Filipino**s**)
- Wörter mit fremdem Einschlag, die anderen Sprachen entlehnt wurden (wie fiasco – fiasco**s**, macho – macho**s**, piano – piano**s**)
- Wörter, in denen dem End-*o* ein Vokal vorangeht (wie radio – radio**s**, rodeo – rodeo**s**, studio – studio**s**, video – video**s**)

Schließlich ist bei einer Reihe von Wörtern, die auf *-o* enden, die Wahl zwischen der Endung *-os* und *-oes* im Plural möglich (5), z. B.:

buffalo, grotto, halo, mango, memento, mosquito, motto, tornado, volcano, yoyo, zero

[1] *wharf*: *Kai;* [2] im Amerikanischen *cargos*

Nun zur Mehrzahl des Wortes *man*:

6. Do you notice many differences between **Englishmen** and **German men**?	*Stellst du viele Unterschiede zwischen Engländern und deutschen Männern fest?*
7. The **Germans** are a bit more pushy for a start.	*Die Deutschen sind auf alle Fälle etwas forscher.*

Das Wort *man* hat in der Regel die Pluralform *men*, und zwar auch bei zusammengesetzten Substantiven (6). Vgl. auch:

woman – wo**men**, Frenchman – French**men**, henchman – hench**men**[1], Scotsman – Scots**men** usw.

Bei manchen Nationalitätsbezeichnungen fügt man nur *-s* hinzu (7). Vgl. auch:

Norman – Norman**s**, Roman – Roman**s**

Bezieht man sich ausdrücklich nur auf die Männer bzw. Frauen, wird *men* bzw. *women* noch hinzugefügt (6). Vgl. auch:

Roman **women** usw.

8. I can't dance – I've got two left **feet**.	*Ich kann nicht tanzen – ich habe zwei linke Füße!*

Folgende Wörter haben ganz unregelmäßige Pluralformen:

child – **children**	foot – **feet**	goose – **geese**
louse – **lice**[2]	mouse – **mice**	tooth – **teeth**

Andere Substantive sehen im Plural nicht anders aus als im Singular:

9. I tried counting **sheep**, but the batteries in my calculator ran out.	*Ich hab's mit Schäfchenzählen versucht, aber die Batterien meines Taschenrechners haben den Geist aufgegeben.*

Folgende Substantive haben dieselbe Form im Plural wie im Singular:

deer – **deer**[3]	fish – **fish**[4]	grouse – **grouse**[5]
salmon – **salmon**[6]	sheep – **sheep**	trout – **trout**[7]

[1] *henchman*: *Spießgeselle;* [2] *lice*: *Läuse;* [3] *deer*: *Hirsch, Reh;* [4] *fishes* wird auch gebraucht, besonders wenn es um verschiedene Arten von Fisch geht; [5] *grouse*: *Waldhuhn;* [6] *salmon*: *Lachs;* [7] *trout*: *Forelle;* die Regelung gilt auch für andere Fischarten.

Das gilt auch für Nationalitätsbezeichnungen auf *-ese* und *-ss*:

Chinese – **Chinese** Japanese – **Japanese** Swiss – **Swiss**

Wenn Zahlen im Spiel sind, hat so manches Substantiv es auch nicht nötig, in der Pluralform zu erscheinen:

10. I'll take three **dozen** of these.	*Ich nehme davon drei Dutzend.*
11. There was a 50-**mile** tail-back on the M1.	*Auf der Autobahn M1 gab es einen Rückstau von 80 Kilometern.*
12. She married a seven-**foot** tall basketball player.	*Sie heiratete einen über zwei Meter großen Basketballspieler.*

Nach einer Zahl wird kein Plural-*s* an die Form von *dozen, hundred, thousand, million* usw. angehängt (10).

Bei Maßangaben aus Zahl + Substantiv steht das Substantiv in der Singularform, wenn es in attributiver Stellung gebraucht wird (d. h. vor einem anderen Substantiv) (11, 12).

Aber: The tailback stretched for 50 miles.

Auch im Englischen sind die Fremdwörter nicht unproblematisch:

13. I don't accept his **criteria** for judging such cases.	*Ich akzeptiere seine Kriterien bei der Beurteilung solcher Fälle nicht.*
14. We didn't see any **hippopotami** at the zoo.	*Wir haben im Zoo keine Nilpferde gesehen.*

Eine Reihe von Fremdwörtern hat die ursprüngliche Pluralform beibehalten (13). Hier die wichtigsten:

analysis – analyses; bacterium – bacteria; bureau – bureaux; crisis – crises; criterion – criteria; phenomenon – phenomena; stimulus – stimuli; thesis – theses

Einige andere haben sowohl eine „englische“ als auch die ursprüngliche Form im Plural (14):

antenna – antennas/antennae; cactus – cactuses/cacti; concerto – concertos/concerti; formula – formulas/formulae; hippopotamus – hippopotamuses/hippopotami; index – indexes/indices; stadium – stadiums/stadia

Folgendes gilt für zusammengesetzte Substantive:

15. I can't stand **day trips** to **holiday resorts**. — *Ich kann Tagesausflüge zu Ferienorten nicht ausstehen!*
16. Having been married seven times, he's had seven **mothers-in-law**. — *Da er siebenmal verheiratet war, hat er schon sieben Schwiegermütter gehabt.*

Die meisten zusammengesetzten Substantive haben die Pluralform beim zweiten Element (15).

Bei einigen Zusammensetzungen (besonders solchen mit Substantiv + Präposition) erhält das erste Element die Pluralendung (16). Hier einige andere wichtige Beispiele:

brother-in-law – brother**s**-in-law, father-in-law – father**s**-in-law[1] usw.; passerby – passer**s**by

Bei einigen wenigen Zusammensetzungen erhalten beide Elemente Pluralformen:

woman driver – wom**en** driver**s**

Schließlich sind bei ein paar Zusammensetzungen zwei Pluralformen möglich:

spoonful – spoonful**s** oder (seltener) spoon**s**ful

Eine ganz ungewöhnliche Pluralbildung ist hier zu beobachten:

17. He always mixes up **6's** and **9's** when he's writing. — *Beim Schreiben bringt er die 6 und die 9 immer durcheinander.*
18. You spell committee with two **m's** and two **t's** in English. — *„Committee" schreibt man im Englischen mit zwei m und zwei t.*
19. Why do you always get tanked up at office **do's**? — *Warum lässt du dich bei Betriebsfesten immer volllaufen?*

In Ausnahmefällen kann der Plural im Englischen mit *-'s* gebildet werden:

- bei geschriebenen Zahlen und bei einzelnen Buchstaben (17, 18)
- um unschöne oder verwirrende Formen zu vermeiden (19; *dos* bzw. *does* wäre verwirrend).

---

[1] aber: *in-laws*: *angeheiratete Verwandte*

3.1.3 Der Gebrauch des Plurals

Bereits in Kapitel 2.1 über den unbestimmten Artikel sind wir einer Reihe von englischen Wörtern begegnet, die – im Gegensatz zum Deutschen – nur im Plural gebraucht werden (vgl. S. 94–95). Hier noch einmal eine Übersicht:

Folgende Substantive stehen immer im Plural und erscheinen mit der Pluralform des Verbs:

engl. Plural	dt. Singular	engl. Plural	dt. Singular
barracks[1]	*Kaserne*	**glasses, specs, spectacles**	*Brille*
binoculars	*Fernglas*	**goggles**	*Schutz-, Taucherbrille*
clothes	*Kleidung*	**goods**	*Ware*
congratulations	*Glückwunsch*	**shears**	*Heckenschere*
dentures	*Gebiss*	**surroundings, environs**	*Umgebung*
headquarters[1]	*Zentrale*	**swimming trunks**	*Badehose*
jeans	*Jeans(hose)*	**thanks**	*Dank*
outskirts	*Stadtrand*	**tights**	*Strumpfhose*
pants	*Unterhose*[2]	**tongs**	*Zange*
pliers	*(Kombi-)Zange*	**trousers**	*Hose*
police[3]	*Polizei*	**underpants, briefs**	*Unterhose*
pyjamas	*Schlafanzug*		
scales[4]	*Waage*		
scissors	*Schere*		

Andererseits gibt es einige englische Substantive, die im Gegensatz zu ihren deutschen Entsprechungen keine Pluralform bilden. Auch hier eine Übersicht:

Folgende Wörter stehen nie im Plural, sondern werden immer mit dem Verb im Singular verbunden:

engl. Singular	dt. Sg. oder Pl.	engl. Singular	dt. Sg. oder Pl.
advice	*Rat(schlag), Ratschläge*	**knowledge**	*Wissen, Kenntnis(se)*
furniture	*Möbel*	**news**[5]	*Nachricht(en)*
information	*Information(en)*	**progress**	*Fortschritt(e)*

[1] Diese Wörter werden gelegentlich auch mit einem Verb im Singular verbunden; [2] im Amerikanischen „Hose“; [3] Trotz seiner Singularform wird dieses Wort als Plural aufgefasst; [4] Man findet heutzutage auch *a scale*; [5] Trotz *-s* am Ende wird *news* nur im Singular benutzt.

Noch eine Besonderheit:

1. The **committee has/have decided** to postpone the meeting.	*Das Komitee hat beschlossen, die Sitzung zu verschieben.*

Manche Gruppenbezeichnungen können als Singular oder als Plural betrachtet werden, je nachdem, ob man die Gruppe eher als geschlossene Einheit sieht (Singular) oder an die einzelnen Mitglieder denkt (Plural) (1). Hier die wichtigsten:

army	*Armee*	**gang**	*Bande, Gang*
audience	*Zuschauer, Zuhörer*	**government**	*Regierung*
class	*Klasse*	**group**	*Gruppe*
club	*Klub*	**jury**	*Geschworene*
company	*Firma*	**orchestra**	*Orchester*
congregation	*Gemeinde*	**public**	*Öffentlichkeit*
crew	*Besatzung, Crew*	**staff**	*Personal*
family	*Familie*	**team**	*Team*

Im amerikanischen Englisch werden diese Wörter in der Regel nur mit Verben im Singular verbunden.

Disziplin oder keine Disziplin, das ist nun die Frage:

2. I'm studying **politics** – **it's** a fascinating subject.	*Ich studiere Politik – es ist ein faszinierendes Fach.*
3. People began to realize his **politics were** failing.	*Die Leute merkten allmählich, dass seine Politik scheiterte.*

Substantive, die auf *-cs* enden, werden als Singular betrachtet, wenn sie ein Schul- bzw. Universitätsfach, einen Wissenschaftsbereich oder eine Disziplin anderer Art bezeichnen (2). Noch einige Beispiele:

acoustics	*Akustik*	**linguistics**	*Sprachwissenschaft*
athletics	*Leichtathletik*	**maths**[1], **mathematics**	*Mathe, Mathematik*
economics	*Wirtschaftswissenschaft*	**physics**	*Physik*
gymnastics	*Gymnastik*	**statistics**	*Statistik*

[1] Im amerikanischen Englisch heißt das Fach *math*.

Manche Substantive (wie *acoustics, economics, politics, statistics*) werden als Plural gebraucht, wenn sie nicht als Fachbezeichnung verwendet werden (3).

Bei einigen Fremdwörtern muss man auch aufpassen:

4. The **media has** been hounding Andy for days.	*Die Medien sind seit Tagen hinter Andy her.*
5. I think **this graffiti is** very artistic.	*Ich halte diese Graffiti für sehr kunstvoll.*
6. **This data is** not very convincing.	*Diese Daten sind nicht sehr überzeugend.*

Eine Reihe von Fremdwörtern wird trotz ihrer Pluralform oft als Singular verstanden und gebraucht (4–6).

Weitere Beispiele sind: *strata* (Sg. oder Pl.), *visa* (Pl. *visas*), *spaghetti* (nur Sg.).

Schließlich gibt es einige Wörter, die im Singular und Plural jeweils eine andere Bedeutung haben:

Singular		Plural	
damage	*Schaden, Schäden*	**damages**	*Schadenersatz*
hair	*Haar, Haare*	**hairs**	*(einzelne) Haare*[1]
stair	*Stufe*	**stairs**	*Treppe*
step	*Steinstufe*	**steps**	*Steintreppe*

3.2 Der Genitiv

Wenn es um Besitz im weitesten Sinne geht, kommt der Genitiv zum Zuge. Deshalb ist er im Deutschen auch als Besitzfall oder Wesfall bekannt.

3.2.1 Die Bildung des Genitivs

Achten Sie in folgenden Beispielsätzen auf die unterschiedliche Handhabung bei Menschen und Tieren einerseits und Dingen andererseits:

1. I forgot to mention that my **uncle's** beard is almost three feet long.	*Ich habe vergessen dir zu sagen, dass der Bart meines Onkels fast einen Meter lang ist.*

[1] etwa auf der Brust oder von der Katze

	2. I've told you not to pinch the **dog's** biscuits.	*Ich habe dir gesagt, du sollst die Hundekekse nicht mopsen!*
	3. What do you think of the **boss's** wife?	*Wie findest du die Frau des Chefs?*
	4. Your **friends'** behaviour was atrocious.	*Das Benehmen deiner Freunde war entsetzlich.*
	5. The **children's** school uniforms cost me a fortune.	*Die Schuluniformen der Kinder haben mich ein Vermögen gekostet.*
Aber:	6. She just got up and left in the **middle of the meal**.	*Mitten im Essen stand sie einfach auf und ging.*

Der Genitiv wird wie folgt gebildet:

- Bei Menschen und Tieren im Singular fügt man ein *-'s* an das Substantiv an (1, 2).

  Wenn das Wort schon mit *-s* endet, hängt man ebenfalls ein *-'s* an (3). Auch ein einfacher Apostroph (-') ist möglich[1].

- Bei Menschen und Tieren im Plural wird bei regelmäßiger Pluralform ein einfacher Apostroph (-') hinzugefügt (4).

- Bei unregelmäßigen Pluralformen wird, wie beim Singular, ein *-'s* hinzugefügt (5); vgl. auch *men's socks, the women's 100 metres* usw.

  Diese Formen werden als *s*-Genitiv bezeichnet.

- Bei Dingen wird meistens *of the* vorangesetzt (6).

  Diese Form nennt man den *of*-Genitiv.

3.2.2 Der Gebrauch des Genitivs

Wir haben gerade angedeutet, dass Dinge meistens mit *of the* verbunden werden. Aber eben nicht immer:

1. You'll be enchanted by **Canada's** natural beauty.	*Sie werden von der natürlichen Schönheit Kanadas verzaubert sein.*
2. **Florence's** museums and works of art attract thousands of visitors every year.	*Die Museen und Kunstwerke von Florenz ziehen jährlich Tausende von Besuchern an.*
3. Did you see my picture in in **yesterday's** newspaper?	*Hast du das Bild von mir gestern in der Zeitung gesehen?*

[1] Es hätte im dritten Beispiel also auch *the boss' wife* stehen können (ebenfalls [ˈbɔsɪz] ausgesprochen!).

Der *s*-Genitiv ist bei manchen Dingen neben dem *of*-Genitiv möglich (1–3). Diese Form ist besonders gebräuchlich bei Orts- und Ländernamen (1, 2) sowie bei Zeitangaben wie *last night, today, yesterday* usw. (3).

Wenn es sich um einen Satz wie den folgenden handelt, sollten Sie jedoch den *of*-Genitiv benutzen:

4. This is **the signature of the man** who delivered the package.	*Das ist die Unterschrift des Mannes, der das Paket lieferte.*

Nur durch den Gebrauch von *of* kann der Bezug des Relativsatzes (*who delivered the package*) zum Subjekt (*the man*) deutlich vermittelt werden. Eine Formulierung wie: *This is the man's signature who delivered the package* klingt unbeholfen und würde streng genommen bedeuten, dass die Unterschrift das Paket geliefert hat.

Das nächste Thema ist sozusagen nur eine Frage der Zeit:

5. There was **a minute's silence** during the match.	*Das Spiel wurde durch eine Schweigeminute unterbrochen.*
6. There will be **six weeks' delay** in the delivery of your toilet.	*Es wird eine sechswöchige Verzögerung bei der Lieferung Ihres WC geben.*

Der *s*-Genitiv wird bei Zeitangaben verwendet, wenn auf die Zeitangabe ein Substantiv folgt (5, 6)[1].

Dabei erscheint *-'s* bei Zeitangaben im Singular (5) und *-s'* bei Zeitangaben im Plural (6).

3.2.3 Der Genitiv ohne nachfolgendes Substantiv

Wir haben bereits gesehen, dass man sich in der Alltagssprache besonders gern kurz fasst. Auch der Genitiv bildet dabei keine Ausnahme:

1. – That's **Janine's coat**. – No it's not, it's **David's**.	*– Das ist Janines Mantel!* *– Stimmt doch nicht, er gehört David!*
2. – Is this **your car**? – Yes, it's **mine**.	*– Ist das Ihr Auto?* *– Ja, es gehört mir!*

[1] Im Beispiel 6 wäre folgende Formulierung auch möglich gewesen: *a six-week delay.*

Wenn aus dem Zusammenhang klar hervorgeht, worauf sich der Genitiv bezieht, kann das nachfolgende Substantiv (Bezugswort) entfallen (1, 2)[1].

Auch in anderem Zusammenhang geht man mit dem Bezugswort recht sparsam um:

3. I've got to go to the **dentist's** tomorrow.	*Ich muss morgen zum Zahnarzt.*
4. I'll probably stay the night at my **aunt's**.	*Ich übernachte wahrscheinlich bei meiner Tante.*

Bei Geschäften, Arztpraxen u. Ä. (3) sowie bei Angaben zu privaten Unterkünften (4) wird in der Regel auf das Bezugswort (z. B. *shop, office, house, flat* usw.) verzichtet, da dieses als bekannt vorausgesetzt wird.

3.2.4 Der „doppelte" Genitiv

1. He's a client **of Mr Burk's**/ **of my sister's**.	*Er ist Klient von Herrn Burk/meiner Schwester.*
2. She's dating a cousin **of mine**.	*Sie geht zur Zeit mit einem Cousin von mir.*

Wenn vor dem Bezugswort *a/an, this/that* usw. oder ein Zahlwort (*two, three* usw.) steht, wird meistens der so genannte „doppelte" Genitiv gebraucht (1, 2). Dieser besteht aus:

- *of* + (*the/my* usw.) Substantiv mit *s*-Genitiv bzw.
- *of* + substantivischem Possessivpronomen (*mine, yours, his, hers, ours, theirs*).

Dieser Gebrauch deutet auch darauf hin, dass es sich um einen Teil einer Gruppe handelt (die Übersetzung zu Beispiel 2 könnte auch lauten: ... *mit einem meiner Cousins* ...).

[1] Die substantivischen Pronomen (z.B. *mine*), die anstelle des Possessivpronomens + Substantiv (z. B. *my banana*) stehen, werden im Abschnitt 4.2.5 (S.124) aufgeführt.

3.3 Großschreibung der Substantive

Die englischen Substantive werden – im Gegensatz zum Deutschen – in der Regel kleingeschrieben. Manche unter ihnen haben es allerdings geschafft, sich von den anderen abzuheben:

1. I suppose we'll have to invite your mother to dinner at **Easter** as usual.	*Ich nehme an, dass wir deine Mutter wie immer zu Ostern zum Essen einladen müssen.*

Nur in wenigen Fällen werden englische Substantive großgeschrieben (1). Fast immer erscheinen solche Substantive auch im Deutschen groß.

Englische Wörter aus folgenden Bereichen werden großgeschrieben:

Eigennamen, Titel, Anreden:	Matthew; Mr Parrot, Dr Rita Hardy, Judge Pickles; Grandad, Auntie Liz
Völkernamen und Sprachen:	the Germans, the Scots, the Welsh; Japanese, Russian
Orts- und Ländernamen:	Venice, Bangkok, Los Angeles; Belgium, Australia
Wochentage, Monate:	Wednesday; February, December
Feste:	New Year's Day, Christmas, Thanksgiving Day, Whitsun
Religiöse Bezeichnungen:	God; Jew, Hindu, Moslem, Baptist; Islam, Catholicism, Buddhism
Historische Ereignisse und Bezeichnungen:	Magna Carta, the Indo-China War, the Treaty of Versailles
Institutionen und Organisationen:	the Royal Academy of Arts, the Samaritans
Buch-[1], Film- und Musiktitel, Denkmäler und Kunstwerke usw.:	The Name of the Rose, Schubert's Unfinished Symphony, Nelson's Column, The Rape of Europa

[1] Bei Buch- und Filmtiteln werden in der Regel das erste und das letzte Wort sowie alle Substantive und die sinntragenden Adjektive großgeschrieben. Klein bleiben generell Artikel (*a, the*), Präpositionen (*in, on*) und Konjunktionen (*and, but*).

2. And what about me? Do you think **I** like being left out of things? — *Und was ist mit mir? Glaubt ihr, es gefällt mir, links liegen gelassen zu werden?*

I (= ich), für viele der Mittelpunkt des Universums, wird selbstverständlich auch großgeschrieben (2).

So wie sich die Jahreszeiten ändern, so ändert sich auch die Meinung über deren Schreibweise:

3. I can't wait for **summer** – we're going to Greece on holiday. — *Ich kann den Sommer kaum erwarten – wir fahren nämlich nach Griechenland in Urlaub.*

Die vier Jahreszeiten *spring, summer, autumn* und *winter* werden meistens kleingeschrieben (3), erscheinen aber auch gelegentlich in der Großschreibung.

Bei Schulfächern dagegen herrscht die umgekehrte Tendenz:

4. I can't stand Mondays – we've got two hours of **Maths** and no **English**. — *Ich kann Montage nicht ausstehen – wir haben zwei Stunden Mathe und kein Englisch.*

Schul- und Studienfächer (*Geography, Biology, Maths*[1] usw.) werden meistens großgeschrieben (4), können aber – abgesehen von den Fremdsprachen (*French, English, Latin* usw.) – auch kleingeschrieben werden.

Mit der Familie ist es naturgemäß etwas komplizierter:

5. What's for dinner, **Dad**? — *Was gibt's zum Abendessen, Papa?*
6. Nobody bakes bread like **my mum**. — *Niemand backt Brot so wie meine Mama.*

Namen bzw. Anreden wie *Dad, Mum, Uncle Hugh, Granny* usw. werden meistens großgeschrieben (5). Wenn sie jedoch nach einem Possessivpronomen erscheinen (*my, his* usw.), werden sie in der Regel kleingeschrieben, da sie dann als „normale" Substantive gelten (6).

7. It's fun to stay at the **YMCA**[2]. — *Es macht Spaß, beim CVJM zu übernachten!*
8. Get back to me **asap**![3] — *Melde dich so bald wie möglich!*

[1] Im amerikanischen Englisch heißt das Fach *Math;* [2] *YMCA* [ˌwaɪemsiːˈeɪ]: die Abkürzung für *„Young Men's Christian Association"*; [3] *asap* [ˌeɪeseɪˈpiː]: die Abkürzung für *„as soon as possible"*

Abkürzungen von Organisationen o. Ä. werden generell großgeschrieben (7).

Manche Abkürzungen, besonders solche aus dem Alltag, werden auch kleingeschrieben (8). Vgl. auch *pto* [ˌpiːtiːˈəʊ] für *please turn over (= bitte wenden).*

3.4 Das grammatische Geschlecht der Substantive

Wenn es um Berufe und dergleichen geht, unterscheiden die englischen Substantive nur relativ selten zwischen männlich und weiblich. Natürlich gibt es aber auch ein paar Ausnahmen:

1. **boss**	*Chef*	(female) **boss**	*Chefin*
2. **cousin**	*Cousin*	(female) **cousin**	*Cousine*
3. **doctor**	*Arzt*	(lady/female) **doctor**	*Ärztin*
4. **politician**	*Politiker*	(female) **politician**	*Politikerin*
5. **pupil**	*Schüler*	(female) **pupil**	*Schülerin*
6. **priest**	*Priester, Pfarrer*	(woman/female) **priest**	*Priesterin*
7. **teacher**	*Lehrer*	(woman/lady/female) **teacher**	*Lehrerin*

8. If I'd realized it was going to be a **lady doctor** who was giving me the check-up, I'd have had a shower.	*Wenn ich geahnt hätte, dass es eine Ärztin sein würde, die mich untersucht, hätte ich mich geduscht!*

Zur Hervorhebung sowie um Missverständnisse zu vermeiden, kann man bei Berufsbezeichnungen *woman, female* bzw. *lady* voransetzen (1–8).

Wenn sowohl *lady* als auch *female* vorangestellt werden können, kann man generell sagen, dass *lady* besonders höflich klingt, während *female* eher in sachlicheren Zusammenhängen gebraucht wird, etwa bei Statistiken und dergleichen.

Umgekehrt geht es – im Sinne der Gleichberechtigung – natürlich auch:

9. **midwife**	*Hebamme*	(male) **midwife**	*Geburtshelfer*
10. **model**	*Mannequin*	(male) **model**	*Dressman*
11. **nurse**	*Krankenschwester*	(male) **nurse**	*Krankenpfleger*

Bei Berufen, die in der Regel von Frauen ausgeübt werden, fügt man bei der männlichen Berufsbezeichnung manchmal *male* hinzu (9–11).

12.	**actor**	*Schauspieler*	**actress**[1]	*Schauspielerin*
13.	**boyfriend**[2]	*Freund*	**girlfriend**[2]	*Freundin*
14.	**waiter**	*Kellner, „Ober“*	**waitress**	*Kellnerin, „Fräulein“*

Bei einigen Substantiven gibt es unterschiedliche Bezeichnungen für Männer und Frauen (12–14). Diese sollte man einfach als Vokabeln lernen.

In letzter Zeit entwickelt sich der Sprachgebrauch weg von solchen traditionellen „weiblichen“ Bezeichnungen hin zu neutralen, nicht geschlechtsspezifischen Begriffen. Wir raten Ihnen, generell die „neutrale“ Form auch in Bezug auf Frauen zu verwenden, wo dies möglich ist. Weibliche Berufsbezeichnungen wie folgende werden heutzutage meistens als leicht herabwürdigend angesehen:

früher:			**heute:**	
15.	**authoress**	→	(female) **author**	*Schriftstellerin*
16.	**conductress**	→	(female/woman) **conductor**	*Dirigentin*
17.	**manageress**	→	(female) **manager**	*Managerin*

Diese Tendenz zur „Neutralisierung“ hat auch dazu geführt, dass das Wort *-man* in Zusammensetzungen heutzutage oft durch *-person* o. Ä. ersetzt wird: *spokesman* (= Sprecher) → *spokesperson*, *fireman* → *firefighter*.

[1] Auch *actor* wird inzwischen für eine Schauspielerin gebraucht; [2] Wenn Liebe im Spiel ist, wird unterschieden, ansonsten meist nur *friend*.

4 Die Pronomen

4.1 Die Personalpronomen

Pronomen – das ist ein Fremdwort aus dem Lateinischen mit der Bedeutung „für den Namen“ (*pro + nomen*). Personalpronomen werden auch persönliche Fürwörter genannt. Die englische Entsprechung *pronoun* erhellt die Bedeutung noch näher, denn ein Pronomen steht anstelle eines Substantivs (*pro + noun*).

4.1.1 Die Form der Personalpronomen im Englischen

Die englischen persönlichen Pronomen erscheinen in lediglich zwei Fällen, nämlich dem Subjektsfall und dem Objektsfall. Darüber hinaus gibt es nur eine Form der Anrede (*you*), die sowohl Singular und Plural (*du/ihr*) als auch die familiäre und höfliche Anrede (*du/Sie*) abdeckt.

Die Übersicht:

Subjekt		Objekt	
I	*ich*	**me**	*mich/mir*
you	*du; Sie*	**you**	*dich/dir; Sie/Ihnen*
he	*er*	**him**	*ihn/ihm*
she	*sie*	**her**	*sie/ihr*
it	*es; er; sie*	**it**	*es/ihm; ihn/ihm; sie/ihr*
we	*wir*	**us**	*uns*
you	*ihr; Sie*	**you**	*euch; Sie/Ihnen*
they	*sie* (Plural)	**them**	*sie/ihnen* (Plural)

4.1.2 Der Gebrauch der Personalpronomen im Englischen

Zunächst ein paar Beispiele für den „feinen Unterschied“ bei den Geschlechtern im Englischen:

1. **He's** such a lovely alligator – I'd hate to think I'd lost him. *Er ist so ein schöner Alligator – es wäre ganz schlimm, wenn er verloren gegangen wäre!*
2. I could watch **the tigress** for hours – **she**'s so beautiful. *Die Tigerin könnte ich stundenlang beobachten – sie ist einfach wunderschön.*

3. She gave **the monkey** a banana and **it** bit her.	*Sie gab dem Affen eine Banane, worauf er sie biss.*
4. **The female puffin** remains near the nest to guard **her** eggs.	*Das Papageientaucherweibchen bleibt in der Nähe seines Nests, um seine Eier zubewachen.*

Neben den Menschen unterscheidet man bei Haustieren und anderen Tieren, wenn man eine emotionale Beziehung betonen will, nach dem Geschlecht (*he*/*she*) (1, 2).

Bei Tieren, zu denen eine „sachliche Beziehung" dargestellt werden soll, verwendet man *it* (3), außer wenn es um spezifische geschlechtliche Unterschiede geht (4).

5. – Where's my rubber spider?	*– Wo ist meine Gummispinne?*
– I put **it** on Mum's bedside locker.	*– Ich habe sie auf Muttis Nachttisch gelegt.*
6. That's a good **idea**. I think I'll use **it** in my next novel.	*Das ist ein guter Einfall. Ich glaube, ich werde ihn in meinem nächsten Roman verwenden.*
7. See the **yacht** with the Union Jack? **She**'s all mine!	*Siehst du die Jacht mit der britischen Flagge? Sie gehört mir ganz alleine!*

Dinge und abstrakte Begriffe werden in der Regel als sächlich betrachtet (5, 6), es sei denn, man hegt eine besonders innige Beziehung zu ihnen. Dies ist gelegentlich der Fall bei Autos, Booten und dergleichen, die dann als weiblich angesehen werden (7).

4.1.3 Die Stellung der Personalpronomen

Wenn Sie sich die Übersetzungen der Pronomen im Objektfall in der Übersicht zu Anfang des Kapitels genau angesehen haben, haben Sie sicherlich gemerkt, dass diese Pronomen gleich zwei deutsche Entsprechungen haben:

1. I saw **him** in town. (direktes Objekt)	*Ich habe **ihn** in der Stadt gesehen.*
2. I gave **him** the message. (indirektes Objekt)	*Ich habe **ihm** die Nachricht gegeben.*

In Sätzen mit einem Substantiv als direktem Objekt und einem Pronomen als indirektem Objekt bestehen folgende Möglichkeiten in der Wortstellung:

	3. We showed the video **to them**.	*Wir zeigten ihnen das Video.*
Oder:	4. We showed **them** the video.	*Wir zeigten ihnen das Video.*
	5. She bought the socks **for him**.	*Sie kaufte die Socken für ihn.*
Oder:	6. She bought **him** the socks.	*Sie kaufte ihm die Socken.*

Bei bestimmten Verben können die Präpositionen *to* und *for* in Verbindung mit einem Personalpronomen entfallen. In diesem Fall folgt das Pronomen unmittelbar aut das Verb (4, 6).

Zu solchen Verben in Verbindung mit *to* zählen z. B.:

bring, give, hand, lend, offer, owe, pass *(= reichen),* promise, sell, send, show, teach, tell, write

Verben mit *for* sind u. a.:

buy, cook, fetch, find, get *(= holen),* leave *(= über-, hinterlassen),* make

Wenn beide Objekte Pronomen sind, sieht die Wortstellung wie folgt aus:

	7. We showed **it to them**.	*Wir zeigten es ihnen.*
Oder:	8. We showed **them it**.	*Wir zeigten es ihnen.*
	9. She bought **them for him**.	*Sie kaufte sie für ihn.*
Oder:	10. She bought **him them**.	*Sie kaufte sie ihm.*

Bei zwei Objekten in Form von Pronomen bestehen folgende Möglichkeiten:

Verb + direktes Objekt + Präposition + indirektes Objekt (7, 9)

bzw. – anders als im Deutschen:

Verb + indirektes Objekt + direktes Objekt (8, 10).

4.1.4 Objektform im Englischen, Subjektform im Deutschen

1. Hi, David, it's only **me**.	*Hallo, David, ich bin's nur.*
2. I thought it was **them**.	*Ich dachte, dass sie es waren.*
3. It was **her** – I recognized her face.	*Sie war's – ich habe ihr Gesicht erkannt.*
4. – Who wants to come? – **Me**!"	*– Wer will mit? – Ich!*

Nach *it is/it was* usw. (1–3) sowie in Kurzantworten (4) wird die Objektform der Personalpronomen verwendet (*me* statt *I*, *them* statt *they* usw.)[1].

Das Verb steht in Sätzen wie Beispiel 2 im Singular (im Gegensatz zum Deutschen!).

4.2 Die Possessivpronomen

Die so genannten „Possessivpronomen“ – oder besitzanzeigenden Fürwörter („mein“, „euer“ usw.) – sind im Englischen vergleichsweise unkompliziert und deshalb schnell gemeistert.

4.2.1 Die adjektivischen Possessivpronomen

1. She's not **his** wife, she's **his** wife's cousin.	*Sie ist nicht seine Frau, sondern die Cousine seiner Frau.*
2. **Your** new hairdo is … different.	*Ihre neue Frisur ist … sehr apart.*

Die adjektivischen Possessivpronomen sind im Englischen unveränderlich (1, 2). Hier die Übersicht der verschiedenen Formen:

my	*mein(e, -es, -er* usw.*)*	**its**	*sein* usw.; *ihr* usw.
your	*dein* usw.; *Ihr* usw.	**our**	*unser* usw.
his	*sein* usw.	**your**	*euer* usw.; *Ihr* usw.
her	*ihr* usw.	**their**	*ihr* (Plural) usw.

4.2.2 *its – it's*

Achten Sie in den folgenden Sätzen auf den Unterschied zwischen *its* und *it's*:

1. Look at that poor dog – **it's** limping.	*Schau den armen Hund an – der hinkt ja.*
2. I think **it's** hurt **its** paw.	*Ich glaube, er hat sich an der Pfote wehgetan.*

Its (ohne Apostroph) ist ein Possessivpronomen und wird in der Regel mit einem Substantiv verbunden (2).
It's (mit Apostroph) ist die Kurzform von *it is* (1) bzw. *it has* (2).

[1] vgl. aber auch Kapitel 5.4 „Der Vergleich“, S. 146

4.2.3 *one's*

Während die Possessivpronomen im Allgemeinen keinen Apostroph haben, gibt es eine Ausnahme:

1. One has to look after **one's** money these days.	*Man muss heutzutage schon auf sein Geld achten.*

One's (= *sein* usw.) ist das adjektivische Possessivpronomen zu *one* (= *man*) und erscheint immer mit einem Apostroph (1).

Beachten Sie jedoch, dass der Gebrauch von *one* etwas unpersönlich und förmlich klingt und somit der Sprachebene vom deutschen „man" nicht unbedingt entspricht. Der Beispielsatz würde natürlicher klingen in der Formulierung: *You have to look after your money these days.*

4.2.4 Das Possessivpronomen bei *someone, everyone* usw.

Es wird Ihnen vielleicht schon aufgefallen sein, dass es im Englischen außer *one's* keine „geschlechtsneutralen" Possessivpronomen gibt. Was macht man dann bei *someone, everyone* usw.?

1. Has everyone got **his or her** ticket ready?	*Hat jeder seine Karte bereit?*
2. Everyone got **their** Christmas bonus today except me.	*Alle außer mir haben heute ihr Weihnachtsgeld bekommen.*
3. When someone says they want to wash **their** hands, they often mean that they want to go to the toilet.	*Wenn jemand sagt, dass er sich die Hände waschen will, meint er oft, dass er die Toilette benutzen möchte.*

Bei *someone, everyone* usw. gibt es zwei verschiedene Möglichkeiten für das Possessivpronomen:

- das etwas umständliche *his or her* (1)
- das grammatisch unlogische *their* (2, 3).

Bei längeren Sätzen wird *their* grundsätzlich bevorzugt, bei kürzeren Sätzen im gesprochenen Englisch ebenfalls.

Zum Gebrauch der Possessivpronomen bei Körperteilen und Kleidungsstücken vgl. Abschnitt 2.2.2, S. 101.

4.2.5 Die substantivischen Pronomen

Schon zu Anfang des Kapitels haben wir es angedeutet: Es gibt auch einen substantivischen Gebrauch der Possessivpronomen:

1. – That's my toothpaste you're using! – No it's not, it's **mine**!	*– Das ist meine Zahnpasta, die du da nimmst!* *– Stimmt doch gar nicht, sie gehört mir!*
2. That's a beautiful car. Don't tell me it's **yours**!	*Das ist aber ein wunderschönes Auto. Sag bloß, es ist deins!*

Substantivische Possessivpronomen ersetzen Possessivpronomen + Substantiv (z. B. *my car*). Sie werden, bis auf *mine* und *his*, durch Anhängen von *-s* an das Possessivpronomen gebildet (1, 2):

mine	*mein(e)s, meine(r)* usw.	**its**	*sein(e)s* usw.; *ihr(e)s* usw.
yours	*dein(e)s* usw.; *Ihr(e)s* usw.	**ours**	*uns(e)res* usw.
his	*sein(e)s* usw.	**yours**	*eu(e)res* usw.; *Ihr(e)s* usw.
hers	*ihr(e)s* usw.	**theirs**	*ihr(e)s* (Plural) usw.

Zum Gebrauch von … *of mine* usw. vgl. Abschnitt 3.2.4, S. 114.

4.3 Die Reflexivpronomen

Es geht uns in diesem Kapitel um die Reflexivpronomen, die auch als rückbezügliche Fürwörter bekannt sind (im Deutschen „mich/mir", „dich/dir" usw.). Sie heißen so, weil sie die Handlung auf den Handelnden rückbeziehen (z. B. „ich wasche mich", „er ärgert sich").

4.3.1 Die Bildung der Reflexivpronomen

Im Englischen sehen die Reflexivpronomen so aus:

1. He **cuts himself** every time he shaves.	*Er schneidet sich jedes Mal, wenn er sich rasiert.*
2. You have to admit to **yourself** that you've got a problem.	*Du musst dir eingestehen, dass du ein Problem hast.*

Die Reflexivpronomen *myself, yourself* usw. entsprechen dem deutschen „mir/mich", „dir/dich" usw. (1, 2). Hier eine Übersicht:

I could injure **myself**.	*Ich könnte mich verletzen.*
You could injure **yourself**.	*Du könntest dich/ Sie könnten sich verletzen.*
He could injure **himself**.	*Er könnte sich verletzen.*
She could injure **herself**.	*Sie könnte sich verletzen.*
It could injure **itself**.	*Es/Er/Sie könnte sich verletzen.*
One could injure **oneself**.	*Man könnte sich verletzen.*
We could injure **ourselves**.	*Wir könnten uns verletzen.*
You could injure **yourselves**.	*Ihr könntet euch/ Sie könnten sich verletzen.*
They could injure **themselves**.	*Sie könnten sich verletzen.*

4.3.2 Der Gebrauch der Reflexivpronomen

Der wichtigste Unterschied zum Deutschen gleich vorweg: Es ist keineswegs der Fall, dass es zu jedem deutschen Reflexivpronomen ein entsprechendes englisches gibt:

1. I can't **concentrate** with all that noise going on.	*Ich kann **mich** bei dem ganzen Krach nicht **konzentrieren.***
2. **Hurry up**! The taxi's been waiting for ages!	***Beeil dich**! Das Taxi wartet schon eine Ewigkeit!*

Eine Reihe gängiger englischer Verben hat – im Gegensatz zu ihren deutschen Entsprechungen – kein Reflexivpronomen (1, 2). Hier eine Liste der wichtigsten:

argue/quarrel	*sich streiten*
change/get changed	*sich umziehen*
concentrate (on)	*sich konzentrieren (auf)*
dress/get dressed	*sich anziehen*
get annoyed	*sich ärgern*
get ready	*sich fertig machen*
hurry up	*sich beeilen*
be interested in	*sich interessieren für*
look forward to	*sich freuen auf*
meet	*sich treffen*
move	*sich bewegen*
remember	*sich erinnern*
wash/get washed	*sich waschen*

4.3.3 selbst/selber

Die *-self*-Form im Englischen hat noch eine weitere Funktion:

1. William says he wrote the play **himself**.	*William behauptet, er habe das Stück **selbst** geschrieben.*
2. I'm a cricket man **myself**.	*Ich **selbst** mag Kricket am liebsten.*
3. The burglar **himself** told the police.	*Der Einbrecher **selbst** hat die Polizei informiert.*

Die englischen Reflexivpronomen entsprechen auch dem deutschen „selbst" bzw. „selber". Sie stehen meistens am Ende des Satzes (1, 2) oder zur besonderen Betonung hinter dem Substantiv bzw. Pronomen (3).

4.3.4 *each other/one another* (reziproke Pronomen)

1. I don't know why we argue so much – we're not even married to **each other**.	*Ich weiß nicht, warum wir uns so streiten – wir sind nicht mal **miteinander** verheiratet.*
2. Will you stop hitting **each other/one another**!	*Hört endlich auf, **euch/einander** zu schlagen!*

Wenn man dem deutschen Pronomen „sich" usw. das Wort „gegenseitig" bzw. „einander", „miteinander", „voneinander" o. Ä. hinzufügen kann, nimmt man im Englischen *each other* (bei zwei Handelnden, 1) bzw. *one another* (bei zwei oder mehr Handelnden, 2).

Noch zwei kontrastierende Beispiele, um den Unterschied zwischen diesem Gebrauch und dem der Reflexivpronomen zu verdeutlichen:

3. They **helped themselves**.	*Sie haben sich bedient.*
4. They **helped each other**.	*Sie haben sich (gegenseitig) geholfen.*

4.3.5 sich = *her, him* usw.

Das deutsche „sich" bedeutet im Englischen nicht automatisch *himself/herself/itself* etc.:

1. He's always got at least three dogs trailing **behind him**.	*Er hat immer mindestens drei Hunde **hinter sich** herzuckeln.*
2. She didn't have any of her credit cards **on her**.	*Sie hatte keine ihrer Kreditkarten **bei sich**.*

Bei einigen Präpositionen – besonders solchen mit räumlicher Bedeutung wie *behind*, *in front of*, *on* und *over* sowie bei *with* – wird im Englischen meistens das einfache Personalpronomen *him*, *her* bzw. *it* usw. im Gegensatz zum deutschen Reflexivpronomen gebraucht (1, 2).

Nur um Missverständnisse zu vermeiden, kann man eventuell auch im Englischen ein Reflexivpronomen gebrauchen:

3. He placed the trophy in front of **himself**.	*Er stellte die Trophäe vor sich hin.*

In diesem Fall wäre ... *in front of him* möglicherweise verwirrend gewesen, da es sich auf jemand anderen hätte beziehen können.

4.4 Die Demonstrativpronomen und Demonstrativadjektive

Bei den Demonstrativpronomen und -adjektiven geht es um dieses und jenes im wörtlichen Sinn, wie gleich gezeigt wird.

4.4.1 Der Gebrauch der Demonstrativpronomen und Demonstrativadjektive

Die englischen Demonstrativpronomen und -adjektive lassen sich in zwei Kategorien aufteilen:

1. Is **this** your toupet?	*Ist das Ihr Toupet?*
2. **These** are my five ex-husbands.	*Das sind meine fünf Exehemänner.*
3. Come here **this** minute!	*Komm sofort her!*
4. We can't solve **these** problems overnight.	*Diese Probleme können wir nicht von heute auf morgen lösen.*
5. I'm finding **this** heat unbearable.	*Diese Hitze ist für mich unerträglich.*

This (Singular) und *these* (Plural) deuten meistens auf etwas näher Liegendes, etwas unmittelbar Vorliegendes oder gerade Erwähntes (1, 2).

Mit diesen Demonstrativpronomen kann man auch Zeitangaben und abstrakte Begriffe emotional verstärken (3 – 5).

6. **That** isn't my handwriting.	*Das ist nicht meine Handschrift.*
7. **Those** biscuits are fattening.	*Die Kekse da machen dick.*

8. **That**'s your problem. — *Das ist dein Problem.*
9. **Those** were his very words. — *Das waren genau seine Worte.*
10. **That** was the end of the matter. — *Damit war die Sache erledigt.*

That (Singular) und *those* (Plural) können auf etwas ferner Liegendes deuten (6, 7), sich auf etwas gerade Gesagtes/Erzähltes beziehen (8, 9) oder auch eine gewisse Distanz zu etwas ausdrücken (10).

Häufig ist die Wahl zwischen *this/these* und *that/those* eine sehr subjektive Frage der Perspektive, und in vielen Fällen sind sie austauschbar:

11. Which shirt do you prefer – **this** one or **that** one? — *Welches Hemd gefällt dir besser – dieses hier oder das da?*

This/these bzw. *that/those* werden oft im selben Satz zur Unterscheidung zwischen zwei oder mehr Dingen gebraucht (11).[1]

Der Sprecher könnte in Beispiel 11 durchaus das eine Hemd in der linken Hand halten und das andere in der rechten. Die „Nähe" bzw. „Ferne" spielt also hier keine Rolle.

Zum Abschluss wird's wieder emotional:

12. I can't stand **that** song! — *Ich kann dieses Lied nicht ausstehen!*
13. I love **those** chocolates! — *Ich liebe diese Pralinen!*

That bzw. *those* wird auch verwendet, um die negative oder positive Einstellung des Sprechers zu etwas zu verstärken (12, 13).

4.5 Die Relativpronomen und Relativsätze

4.5.1 Die Bildung der Relativpronomen

Was sind nun Relativpronomen und Relativsätze? Sehen Sie sich dazu folgende Formulierungen an:

1. This car has got 50,000 miles on the clock. It's still as good as new. — *Dieser Wagen hat 80.000 Kilometer auf dem Tacho. Er ist noch so gut wie neu.*

[1] Zum Gebrauch des „Stützworts" *one* vgl. Kapitel 5.6, S. 148 f.

2. This car, **which** has got 50,000 miles on the clock, is still as good as new. — *Dieser Wagen, der 80.000 Kilometer auf dem Tacho hat, ist noch so gut wie neu.*

Neu ist natürlich auch ein relativer Begriff … Uns geht es aber darum, dass die Formulierung im zweiten Satz etwas eleganter klingt als die im ersten, da sie beide Sätze verbindet. Möglich ist diese Verbindung durch das Wörtchen *which* – das ist nämlich ein Relativpronomen, das einen Relativsatz einleitet.

Hier eine Übersicht über die unterschiedlichen Formen der Relativpronomen:

bei Personen	bei Sachen
who, that	**that, which**
who, whom, that	**that, which**
whose	**whose**

4.5.2 Der Gebrauch der Relativpronomen

Natürlich sind diese Pronomen nicht austauschbar. Hier ein paar Beispielsätze, die ihren Gebrauch verdeutlichen sollen:

1. The girl **who/that** punched you in the face wants to apologize. — *Das Mädchen, das dich ins Gesicht geschlagen hat, möchte sich entschuldigen.*
2. The CD **that/which** I lent you is all scratched. — *Die CD, die ich dir geliehen habe, ist völlig zerkratzt.*
3. Our pet mouse, **who** we thought was a male, has just had nine babies. — *Unsere Maus, die wir für einen Mäuserich hielten, hat gerade neun Mäusebabys bekommen.*

Im Nominativ oder Subjektfall (1. Fall, Frage: „wer?“/„was?“) verwendet man bei Personen *who* oder *that*[1] (1) und bei Dingen *that* oder *which* (2).

Bei Tieren verwendet man *that* oder *which*, bei emotionaler Beziehung zum Tier auch *who* (3).

4. The lady **that/who/whom** you just knocked down is the headmistress. — *Die Dame, die Sie gerade umgefahren haben, ist die Direktorin.*

[1] *That* ist grundsätzlich nur bei so genannten „unentbehrlichen“ Relativsätzen (s. Abschnitt 4.5.3, S. 131 f.) und ohne vorangesetzte Präposition (vgl. S. 130) möglich.

5. The biscuits **that/which** you've brought us have all been nibbled at.	*Die Kekse, die du uns gebracht hast, sind alle angeknabbert.*
6. I'm afraid the dog **that/which** you bit had rabies.	*Leider hatte der Hund, den Sie gebissen haben, die Tollwut.*

Im Akkusativ oder Objektfall (4. Fall, Frage: „wen?"/„was?") verwendet man bei Personen *that/who* (seltener *whom*) (4) und bei Dingen *that/which* (5).

Bei Tieren verwendet man *that/which* (6), gelegentlich auch *who/whom.*

7. I'm the only boy in the class **whose** father won't buy him a new computer.	*Ich bin der einzige Junge in der Klasse, dessen Vater sich weigert, ihm einen neuen Computer zu kaufen.*
8. The aircraft **whose** wing fell off has been grounded.	*Das Flugzeug, dessen Tragfläche abgefallen war, ist aus dem Verkehr gezogen worden.*

Im Genitiv (2. Fall, Frage: „wessen?") nimmt man bei Personen (7) und Dingen (8) *whose* („dessen"/„deren").

Jetzt bleibt nur noch der 3. Fall, den es im Englischen in diesem Sinne gar nicht gibt:

9. We don't really like the woman **that** Daddy is married **to** at the moment.	*Die Frau, mit der Papi momentan verheiratet ist, mögen wir nicht besonders.*

förmlich: … the woman **to whom** Daddy is married …

10. The house **that** we lived **in** in Thailand had orchids growing in the garden.	*Im Garten des Hauses, in dem wir in Thailand wohnten, wuchsen Orchideen.*
11. Who was the man **with whom** she wrote the piece?	*Wer war der Mann, mit dem sie das Stück geschrieben hat?*
12. The gateway **through which** you have just walked is 800 years old.	*Das Tor, durch das Sie gerade gegangen sind, ist 800 Jahre alt.*

Statt eines Dativs (3. Fall, Frage: „wem?") gibt es im Englischen eine Verbindung mit einer Präposition (*to, in, with* usw.).

Im Gegensatz zum Deutschen steht die Präposition meistens hinter dem Verb bzw. Partizip (9, 10).

Das Relativpronomen lautet bei Personen *that/who* (seltener *whom*) (9,11) und bei Dingen *that/which* (10,12).

Wenn dem Relativpronomen eine Präposition vorangeht, nimmt man nicht *that*, sondern bei Menschen *whom* (*by/for/with whom* usw., 11) und bei Dingen *which* (*on/with/through which* usw., 12).

4.5.3 Entbehrliche und unentbehrliche Relativsätze

Es wird Sie vielleicht überraschen zu hören, dass es sogar zwei verschiedene Arten von Relativsätzen gibt, nämlich entbehrliche und unentbehrliche.

Bis vor kurzem konnte man ruhigen Gewissens sagen, dass es im Englischen auch ein rein optisches Kennzeichen für diesen Unterschied gab: die Kommas. Im heutigen Englisch wird aber die Kommasetzung viel lascher gehandhabt als früher. Dennoch halten wir uns hier an die alten Regeln, um Ihnen den Unterschied zwischen den beiden Sorten von Relativsätzen deutlich zu machen.

Fangen wir mit einem „entbehrlichen" Relativsatz an:

1. My grandmother, who writes soap operas, never went to school.	*Meine Großmutter, die Seifenopern schreibt, ist nie in die Schule gegangen.*

In entbehrlichen Relativsätzen könnte man den Relativsatz herausnehmen oder „ausklammern", ohne die Grundaussage des Satzes zu zerstören (1).

Nimmt man in Beispiel 1 den Relativsatz heraus, erhält man folgende Aussage:

2. My grandmother never went to school.	*Meine Großmutter ist nie in die Schule gegangen.*

Die Grundaussage bleibt gleich. Was im Relativsatz gesagt wird, ist eine Zusatzinformation, die für den Hauptsatz nicht zwingend notwendig ist. Solche Relativsätze sind normalerweise durch Kommas vom Rest des Satzes getrennt.

Nun zu den „unentbehrlichen", den „notwendigen" Relativsätzen:

3. Men who never stop talking are a pain in the neck.	*Männer, die nie aufhören zu reden, sind Nervensägen.*

Unentbehrliche Relativsätze sind für den Sinn des Gesamtsatzes absolut notwendig (3). Man kann sie nicht ausklammern, ohne den Sinn der Gesamtaussage zu entstellen. Sie werden grundsätzlich nicht durch Kommas vom Rest des Satzes getrennt.

Würde man hier in unserem Beispiel den Relativsatz wegnehmen, bliebe folgende Aussage übrig:

4. Men are a pain in the neck. *Männer sind Nervensägen.*

Dieses Pauschalurteil war sicherlich nicht im Sinne des Erfinders, sondern es war im ursprünglichen Satz lediglich von der schwätzenden Minderheit die Rede. Daran erkennt man auch die Hauptfunktion eines solchen Relativsatzes:

Ein unentbehrlicher Relativsatz bestimmt das Wort näher, auf das er sich bezieht (3).

In unserem Beispiel ist nur von Dauerschwätzern die Rede, und zwar im Gegensatz zu anderen möglichen Subjekten (wie etwa *Men who wear bow ties/ Men who never help in the house* usw.).

Hier noch eine kleine Hilfe, damit Sie die „unentbehrlichen" Relativsätze (ohne Kommas) besser erkennen können:

! Wenn man im Deutschen „derjenige/diejenige" usw. sagen könnte, handelt es sich um einen notwendigen Relativsatz.

Diese unentbehrlichen Relativsätze erscheinen, wie gesagt, grundsätzlich ohne Kommas. Und nur bei dieser Art von Relativsätzen ist eine bestimmte, typisch englische Konstruktion möglich. Sehen Sie sich dazu folgende Beispiele an:

5. **The bedtime stories (that/ which) my father used to tell us** were quite scary. *Die Gutenachtgeschichten, die uns mein Vater früher erzählte, waren ziemlich gruselig.*
6. Was **the camera (that/ which) you lent me** very expensive? *War die Kamera, die du mir geliehen hast, sehr teuer?*

Bei unentbehrlichen Relativsätzen kann man das Relativpronomen *that, who* oder *which* weglassen, wenn es Objekt des Relativsatzes ist. Das erkennt man daran, dass ein Substantiv (5: *my father*) bzw. ein Pronomen (6: *you*) auf das Relativpronomen folgt.

In folgendem Satz kann das Relativpronomen dagegen nicht weggelassen werden, weil es Subjekt des Relativsatzes ist (und ein Verb darauf folgt):

7. The shop **that sold** chemistry sets was destroyed in an explosion. *Der Laden, der Chemiebaukästen verkaufte, flog bei einer Explosion in die Luft.*

4.5.4 Das deutsche „(das,) was" usw. in Relativsätzen

Abschließend ein paar Besonderheiten:

1. She sings in the shower, **which** wakes the whole household up.	*Sie singt in der Dusche, was den ganzen Haushalt aufweckt.*

Das deutsche „was" als Zusammenfassung eines ganzen Satzteils wird im Englischen durch *which* wiedergegeben (1).

2. Can you understand **what** he's saying?	*Verstehst du, **was** er sagt?*
3. Drink this – it's just **what** you need after a night on the town.	*Trink das – es ist genau **das, was** du nach einer durchzechten Nacht brauchst.*

„Das, was" bzw. „was" wird durch das Relativpronomen *what* (nicht **that what*) wiedergegeben (2, 3).

4. There's something (that) I've got to tell you.	*Es gibt **etwas, das** ich dir sagen muss.*
5. He twisted everything (that) I said.	***Alles, was** ich gesagt habe, hat er verdreht.*
6. Is there anything (that) I can get you?	*Gibt es **irgendwas, das** ich dir besorgen kann?*

Bei „alles, was/das", „etwas, was/das", „irgend etwas, was/das" lautet das englische Relativpronomen *that*. Oft wird es aber weggelassen (4–6).

4.6 Die unbestimmten Pronomen (*some, any, much, many* usw.)

Die Wörter, mit denen wir uns in diesem Kapitel beschäftigen wollen, dienen dazu, unbestimmte Mengen und Größen auszudrücken. Beginnen wir mit den beiden, die am häufigsten verwendet werden.

4.6.1 *some/any*

Some ist gewissermaßen das „neutralste" Wort, mit dem man eine unbestimmte Menge oder Zahl ausdrücken kann. Es gibt nichts über die Größe der Menge preis:

1. There are **some** men in uniform who want to see you.	*Da sind einige uniformierte Männer, die mit Ihnen sprechen möchten.*
2. You've spilt **some** tomato soup on your tie.	*Du hast Tomatensuppe auf deinen Schlips gekleckert.*
3. Could you lend me **some** aspirins?	*Könntest du mir ein paar Aspirin borgen?*
4. Have **some** celery sticks.	*Nehmen Sie sich doch ein paar Selleriestangen!*
5. For **some** reason I can never remember names.	*Aus irgendeinem Grund kann ich mir Namen nie merken.*

Some wird bei „positiven" Aussagen oder Erwartungen gebraucht. Genauer gesagt, es erscheint in der Regel:

- in positiven Aussagesätzen (1, 2)
- in Fragen, bei denen eine positive Antwort erwartet oder erhofft wird (3)
- in höflichen Aufforderungen oder Anfragen (4)
- in der Bedeutung „irgendein(e, -es)" usw. (5).

Dann gibt es das Wörtlein *any*:

6. But I have**n't** got **any** socks without holes.	*Aber ich habe doch keine Socken ohne Löcher!*
7. There is**n't any** room for you in the car.	*Im Auto ist kein Platz für dich.*
8. Are there **any** electricians in the audience?	*Gibt es Elektriker im Publikum?*
9. Choose **any** book you like.	*Nehmen Sie sich irgendein Buch.*
10. You can call me **any** time.	*Du kannst mich jederzeit anrufen.*

Any wird bei „negativen" Aussagen und Erwartungen gebraucht. Genauer gesagt, es erscheint in der Regel:

- in verneinten Sätzen (6, 7), auch mit Wörtern, die etwas verneinen oder einschränken, wie *never, rarely, hardly, without* usw.
- in Fragen, wenn man sich über die Antwort unsicher ist bzw. eine negative Antwort erwartet (8)
- in der Bedeutung „jede(r, -s) (beliebige)", „irgendein(e, -s)", „irgendwelche(r, -s)" (9, 10).

Beachten Sie auch:

11. I'm looking for **someone** – **anyone** – to go to the dance with.	*Ich suche jemanden – irgendeinen –, mit dem ich tanzen gehen kann.*

Die Zusammensetzungen mit *some* und *any (somebody/anybody, someone/anyone; something/anything; somewhere/anywhere)* verhalten sich ähnlich wie *some* und *any* (11).

Noch eine Variante:

12. There is**n't any** beer left. → There's **no** beer left.	*Es ist kein Bier mehr da.*
13. We have**n't** got **any** complaints. → We've got **no** complaints.	*Wir haben keinen Grund zur Beschwerde.*
14. **No** evidence of a fight was to be found.	*Es gab keine Anhaltspunkte für eine Auseinandersetzung.*

Anstelle von *not ... any* kann man auch *no ...* sagen (12, 13). Es klingt betonter und auch etwas formeller.

Am Anfang eines Satzes muss man die *no*-Variante nehmen (14).
Das gilt auch für die Zusammensetzungen:

not ... anybody – **nobody**	not ... anything – **nothing**
not ... anyone – **no-one**	not ... anywhere – **nowhere**

4.6.2 *a lot of/lots of, much, many*

Durch diese Ausdrücke wird im Englischen „viel" oder „viele" wiedergegeben, wobei die Varianten *a lot of* bzw. (etwas umgangssprachlicher) *lots of* deutlich überwiegen:

1. There are **lots of advantages** to learning English.	*Es hat viele Vorteile, Englisch zu lernen.*
2. I spent **a lot of money** on food.	*Ich habe viel Geld fürs Essen ausgegeben.*
3. There hasn't been **a lot of sunshine** lately.	*In letzter Zeit hat es nicht viel Sonne gegeben.*
4. He doesn't say **a lot**, does he?	*Er sagt nicht viel, oder?*

A lot of bzw. *lots of* (= *viel, viele*) werden in normalen Aussagesätzen (1, 2) und in negativen Sätzen (3) sowie in Fragen benutzt, jedoch nicht nach *very, so, that, too, as* und *how*.
Of entfällt, wenn kein Substantiv folgt (4).
Während man *such a lot of* sagen kann, kann *lots of* nicht durch ein vorangehendes Adverb qualifiziert werden.

Gerade in einem Satz wie Beispiel 2 neigen viele Deutschsprachige dazu, *much* zu verwenden. Dabei ist dessen Gebrauch relativ eingeschränkt:

5. There is**n't much** to do in this hotel.	*In diesem Hotel gibt es nicht viel zu tun.*
6. Did you get **much money** for your old car?	*Hast du für dein altes Auto viel Geld gekriegt?*
7. I appreciate that **very much**.	*Ich bin Ihnen dafür sehr dankbar.*

Much (= *viel*) wird in folgenden Fällen verwendet:

- in verneinten Sätzen (5)
- in Fragen (6)
- nach *very, so, that, too, as* und *how* (7)
- mit einem nachfolgenden, nichtzählbaren Substantiv (6).

Und nun zu *many:*

8. I have**n't** got **many** more chapters to read.	*Ich habe nicht mehr viele Kapitel zu lesen.*
9. Have you been to **many** foreign countries?	*Haben Sie viele fremde Länder besucht?*
10. She's got **so many** boy-friends she can't remember all their names.	*Sie hat so viele Freunde, dass sie sich nicht alle ihre Namen merken kann.*

Many (= *viele*) wird nur bei zählbaren Wörtern verwendet, und zwar:

- in verneinten Sätzen (8)
- in Fragen (9)
- nach *very, so, that, too, as* und *how* (10).

Da Deutschsprachige „viel(e)" sehr oft mit *much* bzw. *many* übersetzen, noch einmal zur Festigung:

! Die geläufigste Übersetzung des deutschen „viel(e)" in Aussagesätzen lautet *a lot (of)*/*lots of*, jedoch nicht nach *very, so, that, too, as* und *how*.

Und wenn *much* oder *many* doch in einem Aussagesatz erscheint:

11. **Much** depends on the outcome of the meeting.	*Vieles hängt vom Ergebnis der Sitzung ab.*
12. **Many** people are moving south in search of work.	*Viele Leute ziehen nach Süden auf der Suche nach Arbeit.*

In normalen Aussagesätzen klingen *much* und *many* ohne Qualifizierung durch *very, so* usw. etwas förmlich (11, 12). In der Umgangssprache wird daher *a lot (of)/lots of* bevorzugt.

4.6.3 *a few/a little/a bit of; few/little*

Nach den großen Mengen geht's jetzt um kleine:

1. I've got **a few pounds** left – let's go on the roller-coaster.	*Ich habe noch ein paar Pfund übrig – lasst uns mal Achterbahn fahren.*
2. Could I have **a little mustard** to go with this?	*Könnte ich etwas Senf dazu haben?*
3. Don't forget you've still got **a bit of gardening** to do.	*Vergiss nicht, dass du noch ein bisschen was im Garten tun musst.*
4. – Can you lend me **a little sugar**?	*– Kannst du mir etwas Zucker leihen?*
– Yes, I think I've got **a bit** left.	*– Ja, ich glaube, ich habe noch etwas übrig.*

a few (= *einige, ein paar*) wird nur bei Personen oder zählbaren Wörtern gebraucht (1).

a bit of[1]*/a little* (= *ein bisschen, etwas*) werden gebraucht, wenn es sich um etwas nicht Zählbares handelt (2 – 4), wobei *a bit of* umgangssprachlicher klingt.

a bit allein stehend entspricht dem deutschen „etwas" (4).

Wenn diese Ausdrücke ohne *a* verwendet werden, ändert sich die Bedeutung wie folgt:

5. **Few people** have any sympathy with him.	*Nur wenige Leute haben Mitleid mit ihm.*
6. There's **little hope** of her winning the elections now.	*Sie hat kaum noch eine Aussicht auf Erfolg bei der Wahl.*

few (= *(nur) wenige*) wird bei Personen oder zählbaren Wörtern gebraucht (5).

little (= *wenig, kaum ein(e)* usw.) wird gebraucht, wenn es sich um etwas nicht Zählbares handelt (meistens bei abstrakten Begriffen!) (6).

[1] bei Flüssigkeiten meistens *a drop of/a spot of*

Abschließend noch ein paar allgemeine Hinweise:

- *Few* und *little* klingen isoliert etwas förmlich und erscheinen oft mit *very*.

  Andere mögliche Ausdrücke sind:

  statt *few: not many, hardly any*

  statt *little: not much, hardly any.*

- *Little* erscheint oft in bestimmten Verbindungen, wie z. B. *he/she has little chance of …ing* (= *er/sie hat kaum noch eine Chance zu …*), *he/she had little choice but to …* (= *er/sie hatte kaum noch eine andere Möglichkeit als zu …*), *he/she has little hope of …ing* (= *er/sie hat kaum Aussicht auf Erfolg bei …*), *there's little point in …* (= *es hat wenig Sinn zu …*).

4.7 Die Fragewörter

Auf die Fragewörter sind wir bereits in Kapitel 1.14 („Frageform und Verneinung") vorbereitet worden.

4.7.1 Die Form der Fragewörter im Englischen

Zunächst eine Liste der Fragewörter, die man benötigt, wenn man auf Englisch mal ganz dumm fragen muss.

how ...?	*wie ...?*	**who ...?**	*wer ...?*
what ...?	*was ...?*	**who(m) ...?**	*wen/wem ...?*
when ...?	*wann ...?*	**whose ...?**	*wessen ...?*
where ...?	*wo ...?*	**why ...?**	*warum ...?*
which ...?	*welche(r,-s) ...?*		

4.7.2 *who/whom*

Im Englischen gibt es eine Objektform zu *who*, nämlich *whom*, die aber relativ selten gebraucht wird:

1. **Who** did you buy these flowers **for**?	*Für wen hast du diese Blumen gekauft?*
2. **Who** did you give the letter **to**?	*Wem hast du den Brief gegeben?*

3. **Whom** are you addressing? — *An wen richtet sich Ihre Frage?*
4. **To whom** have I the pleasure of speaking? — *Mit wem habe ich das Vergnügen zu sprechen?*

Who ist die gebräuchlichste Objektform im gesprochenen Englisch (1, 2). Dabei fungiert es sowohl als direktes („wen?“) als auch als indirektes Objekt („wem?“).

Das ungebräuchlichere *whom* wird in folgenden Fällen benutzt:

- bei förmlicher Ausdrucksweise (3)
- wenn dem Fragewort eine Präposition (wie *to*, *for*, *with* usw.) vorangeht (4).

4.7.3 *what/which* + Substantiv

Jetzt geht es um den kleinen, feinen Unterschied, den man sich aber merken sollte:

1. **What car** do they drive? — *Was für ein Auto haben sie?*
2. **Which car** was he driving? — *Mit welchem Wagen ist er gefahren?*

What + Substantiv leitet eine allgemeine Frage ein (1).

Mit *which* + Substantiv fragt man nach einer Person/Sache aus einer bestimmten Gruppe, Reihe o. Ä. (2) in einer bestimmten Situation.

4.7.4 Fragewort + Kurzform des Verbs

Gekürzt wird, wo's nur geht. Das gilt besonders für die gesprochene Sprache:

1. **What's** (= What is) Dad going to say? — *Was wird denn Papa dazu sagen?*
2. **Who'd** (= Who would) have thought she would have done a thing like that? — *Wer hätte geglaubt, dass sie zu so etwas fähig gewesen wäre?*
3. **Where'd** (= Where did) he go? — *Wo ist er hin?*
4. **How'll** (= How will) you do it? — *Wie wirst du es machen?*

Wenn ein Hilfsverb auf ein Fragewort folgt, wird es meistens abgekürzt (1–4). Manche Abkürzungen haben mehrere mögliche Vollformen (2, 3), und ihre Bedeutung muss aus dem Zusammenhang erschlossen werden.

5 Das Adjektiv und das Adverb

Wenn es darum geht, zwischen Adjektiv und Adverb im Englischen zu unterscheiden, haben manche Deutschsprachige Probleme. Deswegen werden diese beiden Themen in diesem Kapitel gemeinsam behandelt.

5.1 Allgemeines

Das Adjektiv im Englischen ist wesentlich unkomplizierter als im Deutschen:

1. She can't stand **untidy** men.	*Sie kann unordentliche Männer nicht ausstehen.*
2. What a **beautiful** woman!	*Was für eine schöne Frau!*
3. I'm looking for a **new** job.	*Ich suche eine neue Stelle.*
4. I'm glad we've got **nice** neighbours.	*Ich bin froh, dass wir nette Nachbarn haben.*

Das englische Adjektiv bleibt in der Grundform immer gleich (ohne Endungen!), egal, ob es sich auf Mann oder Frau, auf die Einzahl oder Mehrzahl bezieht und ob es im Nominativ oder Akkusativ steht (1–4).

Nun zum Adverb. Was ist das eigentlich?

5. She reacted **quickly**.	*Sie reagierte schnell.*
6. The talk was **terribly boring**.	*Der Vortrag war schrecklich langweilig.*
7. I beat her **really easily**.	*Ich habe sie wirklich leicht geschlagen.*
8. **Suddenly** everyone looked at me.	*Auf einmal sahen mich alle an.*

! Ein Adverb ist ein Ausdruck, der ein Verb (5), ein Adjektiv (6), ein weiteres Adverb (7) oder einen ganzen Satz (8) näher bestimmt.

Es gibt verschiedene Arten von Adverbien, z. B. so genannte „ursprüngliche" Adverbien wie *today, always, very* usw. oder Adverbialbestimmungen wie *by the way, for a while, on the other hand* usw. In der Regel haben Deutschsprachige am ehesten Probleme, diejenigen Adverbien zu erkennen und richtig zu bilden, die von Adjektiven abgeleitet sind – alle anderen kann man einfach als Vokabeln lernen.

5.2 Die Bildung abgeleiteter Adverbien

Und wie werden diese Adverbien gebildet?

Adjektiv	Adverb	Adjektiv	Adverb
1. certain	certain**ly**	5. angr**y**	angr**ily**
2. fortunate	fortunate**ly**	6. diplomat**ic**	diplomat**ically**
3. regular	regular**ly**	7. tru**e**	tru**ly**
4. probab**le**	probab**ly**	8. full	full**y**

Die meisten abgeleiteten Adverbien werden durch Anhängen von *-ly* an das Adjektiv gebildet (1–3).

Aber:

- *-le* wird zu *-ly* (4)
- *-y* wird zu *-ily* (5)
- *-ic* wird zu *-ically* (6) (Ausnahme *public* → *publicly* = *öffentlich*)
- das stumme *-e* bei *true*, *due* (= *fällig*) und *whole* fällt weg (7)
- *full* wird zu *fully* (8).

Noch ein paar Besonderheiten:

- Das Adverb zu *good* heißt *well*.
- Zeitadjektive auf *-ly* (wie *hourly, daily, weekly, monthly* usw.) haben dieselbe Form, wenn sie als Adverbien verwendet werden.

Das Hauptproblem liegt aber weniger in der Bildung des Adverbs als im Erkennen, dass es sich überhaupt um ein Adverb handelt. Das kommt daher, dass im Deutschen die gleiche Form für den adjektivischen wie für den adverbiellen Gebrauch verwendet wird:

Das Spiel war **gut**. Du hast **gut** gespielt.

Woran merkt man aber, dass „gut“ im zweiten Beispiel adverbiell verwendet wird (und im Englischen mit *well* wiedergegeben werden müsste)? Beim rein adverbiellen Gebrauch kommt im Deutschen nie eine Endung vor. Fast alle Adjektive (außer z. B. „rosa“, „prima“) können dagegen flektiert werden, d. h. eine Endung haben. Man könnte den ersten Satz wie folgt umformulieren: Es war ein gut**es** Spiel. Beim adverbiellen Gebrauch (zweiter Satz) ist eine solche Umformung nicht möglich, und in solchen Fällen ist bei der englischen Entsprechung die adverbielle Form meistens Pflicht.

Meistens – aber nicht immer. Folgende englische Adjektive werden in derselben Form (und in fast identischer Bedeutung) auch als Adverbien gebraucht:

Adjektiv		**Adverb**	
deep		deep	*tief*
early		early	*früh*
far		far	*weit*
fast		fast	*schnell*
hard	*hart, schwer*	hard	*fest, kräftig, schwer*
high		high	*hoch*
late		late	*spät*
long	*lang*	long	*lange*
low		low	*niedrig*
near	*nah*	near	*nahe*
straight	*gerade*	straight	*gerade, direkt*

Einige dieser Adverbien haben auch eine *-ly*-Form, allerdings mit einer anderen Bedeutung:

deeply	*zutiefst*	lately	*in letzter Zeit*
hardly	*kaum*	nearly	*fast, beinahe*
highly	*höchst*		

Auch bei folgenden Adverbien unterscheidet sich die Bedeutung von der der entsprechenden Adjektive:

barely	*kaum*	mostly	*meistens*
fairly	*ziemlich; fair*	scarcely	*kaum*
justly	*zu Recht; gerecht*	shortly	*gleich, in Kürze*

! Oft entsteht bei Deutschsprachigen der Eindruck, *friendly* müsse als Adverb durch *in a friendly way* ersetzt werden. Das klingt aber sehr unidiomatisch. Eine Umformulierung wie folgende ist viel geläufiger:

9. She **gave** me **a friendly wave.** — *Sie winkte mir freundlich zu.*

Schließlich noch ein paar Fälle, in denen die Bedeutung jeweils anders ist, je nachdem, ob das Wort als Adjektiv oder als Adverb verwendet wird:

Adjektiv		Adverb	
just	*gerecht*	just	*gerade, eben; nur*
only	*einzige* usw.	only	*nur*
pretty	*hübsch*	pretty *(umgs.)*	*ziemlich*
well	*gesund*	well	*gut*

5.3 Die Steigerung des Adjektivs und des Adverbs

Die Steigerungsformen bestehen aus dem Komparativ (1. Steigerungsstufe) und dem Superlativ (2. Steigerungsstufe bzw. Höchststufe).

5.3.1 Die Steigerung des Adjektivs

Grundform (Positiv)	Komparativ	Superlativ
1. cold	cold**er**	cold**est**
kalt	*kälter*	*kältest-/am kältesten*
2. new	new**er**	new**est**
3. strong	strong**er**	strong**est**
4. big	big**ger**	big**gest**
5. fit	fit**ter**	fit**test**
6. late	late**r**	late**st**
7. wide	wide**r**	wide**st**

Einsilbige[1] Adjektive steigert man mit *-er*/*-est* (1–3).

Ein einzelner Konsonant (*d, g, t* usw.) am Ende des Adjektivs wird verdoppelt, wenn er auf einen kurzen Vokal *(a, e, i, o, u)* folgt (4, 5).

Adjektive mit stummem End-*e* werden mit *-r*/*-st* gesteigert (6, 7).

[1] Ausschlaggebend für die Silbenzahl ist nicht die Schreibung, sondern die Aussprache: *large* [laːdʒ] hat eine Silbe, *pretty* [ˈprɪtɪ] hat zwei.

Es geht weiter mit den zweisilbigen Adjektiven:

Grundform (Positiv)	Komparativ	Superlativ
8. gentle	gentl**er**	gentl**est**
9. clever	clever**er**	clever**est**
10. shallow[1]	shallow**er**	shallow**est**
11. easy	eas**ier**	eas**iest**
12. cheeky[2]	cheek**ier**	cheek**iest**

Zweisilbige Adjektive, die auf *-le*, *-er*, *-ow* oder *-y* enden, werden ebenfalls mit *-(e)r*/*-(e)st* gesteigert (8–12). Das End-*y* wird dabei zu *-i-* (11, 12).

Ausnahme: eager more eager most eager

Die anderen Adjektive brauchen ebenfalls ein bisschen Hilfe:

Grundform (Positiv)	Komparativ	Superlativ
13. famous	**more** famous	**most** famous
14. painful	**more** painful	**most** painful
15. expensive	**more** expensive	**most** expensive
16. popular	**more** popular	**most** popular
17. tired	**more** tired	**most** tired
18. exciting	**more** exciting	**most** exciting

Folgende Adjektivgruppen werden mit *more*/*most* gesteigert:

- zweisilbige Adjektive, die nicht auf *-le*, *-er*, *-ow* oder *-y* enden (13, 14)
- drei- und mehrsilbige Adjektive (15, 16)
- Adjektive (auch einsilbige!), die von Verben abgeleitet sind und auf *-ed* oder *-ing* enden (17, 18).

Bei einigen zweisilbigen Adjektiven sind sogar beide Steigerungsformen möglich – darunter: *handsome*, *polite*, *quiet*, *stupid*, *wicked*. Da gerade die zweisilbigen Adjektive am problematischsten sind, unser Tipp: im Zweifelsfall mit *more*/ *most* steigern!

[1] *shallow*: seicht; [2] *cheeky*: frech

Zum Schluss noch ein paar unregelmäßig gesteigerte Adjektive:

Grundform (Positiv)		Komparativ	Superlativ
bad	*schlecht*	worse	worst
good	*gut*	better	best
far	*weit*	further (*oder* farther)[1]	furthest (*oder* farthest)[1]
little	*klein*	smaller	smallest
little[2]	*wenig*	less	least
many	*viele*	more	most
much	*viel*	more	most

5.3.2 Die Steigerung des Adverbs

Hier sieht es nicht viel anders aus als bei den Adjektiven:

Grundform (Positiv)	Komparativ	Superlativ
1. early	earl**ier**	earl**iest**
2. fast	fast**er**	fast**est**
3. hard	hard**er**	hard**est**
4. late	late**r**	late**st**
5. soon	soon**er**	soon**est**

Die wenigen einsilbigen Adverbien sowie *early* werden mit *-er/-est* gesteigert (1–5). Es gelten dieselben Regeln für die Schreibung wie bei den Adjektiven: Stummes End-*e* wird mit *-r/-st* gesteigert (4), End-*y* wird zu *-i-* (1).

Grundform (Positiv)	Komparativ	Superlativ
6. easily	**more** easily	**most** easily
7. fluently	**more** fluently	**most** fluently
8. frequently	**more** frequently	**most** frequently

Mehrsilbige Adverbien (außer *early*) werden mit *more/most* gesteigert (6–8).

[1] in übertragener Bedeutung nur *further* bzw. *furthest*; [2] *little* wird in der Bedeutung „wenig“ nur bei nichtzählbaren Begriffen verwendet (z. B. *little time* = *wenig Zeit*). Sonst nimmt man *few – fewer – fewest* (z. B. *fewer people* = *weniger Leute*).

Auch hier gibt es ein paar unregelmäßige Steigerungsformen:

Grundform (Positiv)		Komparativ	Superlativ
badly	*schlecht*	worse	worst
well	*gut*	better	best
far	*weit*	further (*oder* farther)[1]	furthest (*oder* farthest)[1]
little	*wenig*	less	least
much	*viel*	more	most

5.4 Der Vergleich

1. She's prettier **than** I expected.	*Sie ist hübscher, als ich erwartet hatte.*
2. He's got more spots **than me/than I have**!	*Er hat mehr Pickel als ich!*
3. I'm not **as** fit **as** I used to be.	*Ich bin nicht mehr so fit wie früher.*
4. She's **as** blind **as** a bat.	*Sie ist stockblind.*

Dem deutschen „als" im Vergleich entspricht das englische *than* (nie *as*!!) (1, 2).

„So ... wie" wird mit *as ... as* wiedergegeben (3).

As ... as wird auch oft bei bildhaften Vergleichen verwendet (4; vgl. auch *as strong as an ox* = *bärenstark*; *as fast as lightning* = *blitzschnell*).

Erscheint nach *than* bzw. *as* ein Personalpronomen, hat man zwei Möglichkeiten:

- entweder die Objektform des Personalpronomens (z. B. *than me, as her* usw., 2)
- oder aber die Subjektform des Personalpronomens + Verb oder Hilfsverb (z. B. *than I did, as she was* usw., 2).

Nun einige weitere Besonderheiten:

5. That was **less expensive than** last time.	*Das war nicht so teuer wie letztes Mal.* (= *weniger teuer als ...*)

Bei Ungleichheit („weniger" + Adjektiv/Adverb + „als") kann man im Englischen *less* + Adjektiv/Adverb + *than* verwenden (5).

[1] in übertragener Bedeutung nur *further* bzw. *furthest*

6. – I'm leaving you! – *Ich verlasse dich!*
   – **The sooner the better**! – *Je eher, desto besser!*
7. **The less** I eat, **the heavier** I seem to get. – *Je weniger ich esse, desto mehr scheine ich zuzunehmen.*

„Je ... desto" entspricht im Englischen *the* + Komparativ ... *the* + Komparativ (6, 7).

8. I find maths **harder and harder** to understand. – *Ich finde, dass Mathe immer schwerer wird.*
9. Drivers are getting **more and more aggressive**. – *Die Autofahrer werden immer aggressiver.*

„Immer" + Komparativ entspricht Komparativ + *and* + Komparativ im Englischen (d. h. *-er and -er/more and more* + Adjektiv/Adverb) (8, 9).

5.5 Vom Adjektiv abgeleitete Substantive

Im Deutschen kann man aus vielen Adjektiven Substantive bilden. Diese werden dann großgeschrieben und bezeichnen eine Person (z. B. „der Verletzte") oder eine Gruppe (z. B. „die Reichen"). Im Englischen ist dies nur begrenzt möglich:

1. Maggie says she has no sympathy with **the unemployed**. – *Maggie sagt, sie habe kein Mitleid mit den Arbeitslosen.*
2. **The rich** get richer and **the poor** get poorer. – *Die Reichen werden reicher, und die Armen werden ärmer.*
3. Do the **English** really queue for buses? – *Stehen die Engländer wirklich an der Bushaltestelle Schlange?*

Nur in Bezug auf Gruppen (z. B. *the old = die Alten*) (1, 2) bzw. einige Nationalitätenbezeichnungen (z. B. *the Chinese, the English, the French, the Irish*) (3) werden Adjektive im Englischen als Substantive verwendet.

Diese werden nur im Plural, und zwar mit *the*, aber ohne *-s* am Ende gebraucht.

Wenn es aber um eine Einzelperson geht, gilt Folgendes:

4. Dad, it's that **fat man** on the phone for you! – *Papi, für dich. Der Dicke ist wieder am Telefon!*
5. The **missing woman** was an experienced climber. – *Die Verschollene war eine erfahrene Bergsteigerin.*

Im Singular fügt man im Englischen *boy, girl, man, woman* o. Ä. dem Adjektiv hinzu (4, 5).

Ausnahmen:

6. You're trying to do **the impossible**.	*Du versuchst, das Unmögliche zu erreichen.*
7. I only want to do **the right thing**.	*Ich will nur das Richtige machen.*
8. **The most important thing** is that you're happy.	*Das Wichtigste ist, dass du glücklich bist.*

Nur sehr selten, und zwar bei abstrakten Begriffen, ist der Gebrauch des Adjektivs als Substantiv im Singular möglich (6). Vgl. auch *the unexpected* = *das Unerwartete*, *the unknown* = *das Unbekannte*.

Auch hier wird meistens der Deutlichkeit halber ein Substantiv wie *thing* o. Ä. hinzugefügt (7, 8). Vgl. auch *the only thing* = *das Einzige*, *the best thing* = *das Beste*.

Daneben gibt es einige Adjektive, die sich zu „normalen“ Substantiven entwickelt haben, die also auch eine Singularform und ein *-s* im Plural haben. Beispiele: *a black* = *ein Schwarzer/eine Schwarze*, *a white* = *ein Weißer/eine Weiße*, *a conservative* = *ein Konservativer/eine Konservative*. Das gilt auch für manche Nationalitätenbezeichnungen, z. B. *an Austrian* = *ein Österreicher/eine Österreicherin*, *a German* = *ein Deutscher/eine Deutsche*, *a Scot* = *ein Schotte/eine Schottin*. Diese sollte man ganz einfach als Vokabeln lernen.

5.6 Das Adjektiv und das „Stützwort“ *one*

Wenn man in einem deutschen Satz aus stilistischen Gründen ein Substantiv nicht wiederholen möchte, kann das dazugehörige Adjektiv allein stehen. Im Englischen braucht das Adjektiv dagegen ein bisschen Beistand:

1. Which car shall we pinch? **The red one** or **the blue one**?	*Welches Auto wollen wir klauen? Das rote oder das blaue?*
2. These books are dead boring. Haven't you got any **interesting ones** with pictures?	*Diese Bücher sind todlangweilig. Haben Sie keine interessanten mit Bildern?*

Soll ein (zählbares) Substantiv nicht wiederholt werden, kann das Adjektiv im Englischen nicht allein stehen. Das Stützwort *one* (Singular) bzw. *ones* (Plural) wird anstelle des Substantivs verwendet (1, 2).

Beachten Sie auch:

3. If that shirt doesn't fit, try **this one**.	*Wenn das Hemd nicht passt, probier mal dieses!*

Bei den Demonstrativpronomen wird *this one/that one* bzw. *these (ones)/those (ones)* verwendet (3)[1].

5.7 Die Stellung des Adverbs im Satz

Die Stellung des Adverbs im Satz ist eines der problematischsten Kapitel der englischen Grammatik. Adverbien und adverbiale Bestimmungen (z. B. *in London, as a matter of fact*) haben recht unterschiedliche Funktionen und treten mitunter auch im selben Satz auf.

Eine vollständige Liste aller Regeln der Wortstellung hier aufzuführen, wäre nicht zweckdienlich, da die Informationsfülle überwältigend wäre. Aus diesem Grunde konzentrieren wir uns auf die wichtigsten Punkte und betonen besonders die Fälle, die sich radikal vom Deutschen unterscheiden:

1. We **carefully** studied the map.	*Wir haben uns die Landkarte genau angesehen.*
2. I had **quickly** destroyed the evidence.	*Ich hatte die Beweismittel schnell vernichtet.*
3. She lifted the heavy weights **easily**.	*Sie hob die schweren Gewichte ohne Mühe an.*
4. We all waited **anxiously**.	*Wir warteten alle besorgt.*

Adverbien der Art und Weise (antworten auf die Frage „wie?") stehen in der Regel in folgender Position:

- bei transitiven Verben (solchen mit direktem Objekt) vor dem Hauptverb (1, 2) oder nach dem Objekt (3) (das Adverb steht nie – wie im Deutschen – zwischen dem Verb und dem direkten Objekt!!)
- bei intransitiven Verben (solchen ohne direktes Objekt) nach dem Verb (ähnlich wie im Deutschen) (4).

[1] vgl. auch Kapitel 4.4, S.127 f.

Wir wenden uns jetzt den Adverbien und Adverbialgruppen des Ortes und der Zeit zu:

5. He spends most of his time **in the pub**.	*Er verbringt die meiste Zeit in der Kneipe.*
6. Where are you going on holiday **next year**?	*Wohin fahrt ihr nächstes Jahr in Urlaub?*
7. **In Britain** topless bathing isn't very common.	*Oben-ohne-Baden ist in Großbritannien nicht sehr verbreitet.*
8. I **sometimes** wonder what she sees in him.	*Manchmal frage ich mich, was ihr an ihm gefällt.*
9. He's **rarely** on time.	*Er ist selten pünktlich.*
10. I should **never** have said that.	*Das hätte ich nie sagen sollen.*
11. **Usually** she doesn't even ask.	*Meistens fragt sie nicht mal.*

Adverbien und Adverbialbestimmungen des Ortes (antworten auf die Frage „wo?“ bzw. „wohin?“) und der bestimmten Zeit (antworten auf die Frage „wann?“) stehen meistens in folgender Position:

- am Satzende (5, 6)
- zur Betonung am Satzanfang (7). Adverbien, die auf die Frage „wohin?“ antworten, können diese Stellung aber nicht einnehmen!

Adverbielle Angaben der unbestimmten Zeit oder der Häufigkeit (wie z. B. *just, always, sometimes, never, generally, usually*) stehen in der Regel in der so genannten „Mittelstellung“[1], d. h.:

- vor dem Vollverb (8) bzw.
- nach dem Verb *to be* (9) bzw.
- nach dem ersten Hilfsverb oder Modalverb (10).

Gelegentlich können diese Adverbien zur Betonung am Satzanfang stehen (11) (siehe aber auch Kapitel 5.8).

Was ist aber, wenn Adverbien aus mehreren Kategorien gemeinsam auftreten?

12. He **quickly** ran **towards the exit**.	*Er lief schnell zum Ausgang hin.*
13. Are you going **to the office today?**	*Gehst du heute ins Büro?*

[1] Ab jetzt verwenden wir aus Platzgründen den Begriff „Mittelstellung“ für diese drei Regeln.

14. Would you stop practising the violin **at two o'clock in the morning!**	*Hörst du endlich auf, um zwei Uhr nachts Geige zu üben!*

Wenn Adverbien verschiedener Kategorien zusammen in einem Satz auftreten, gilt allgemein folgende Reihenfolge:

- Art und Weise vor Ort (12). Faustregel: A kommt vor O, das ist nun mal so!
- Ort vor Zeit (13) – anders als im Deutschen!! Faustregel: O vor Z im Alphabet!
- Genauere Zeitangaben vor allgemeineren (14).

Nun die Adverbien des Grades:

15. That was a **fairly good** attempt, but it wasn't **good enough**.	*Das war ein ziemlich guter Versuch, aber er war nicht gut genug.*
16. I **nearly fainted** when I heard the news.	*Als ich die Nachricht hörte, bin ich fast in Ohnmacht gefallen.*
17. I **had scarcely arrived** when everyone else left.	*Ich war kaum angekommen, als die anderen alle gingen.*

Adverbielle Bestimmungen des Grades (wie z. B. *a bit, extremely, fairly, quite, rather, too, very*) haben dieselbe Position wie im Deutschen, wenn sie sich auf Adjektive oder auf andere Adverbien beziehen (15).

Wenn sich Adverbien des Grades wie z. B. *almost, barely, hardly, just, nearly* oder *scarcely* auf Verben beziehen, dann gilt die Mittelstellung (16, 17).

Und schließlich die adverbiellen Bestimmungen des Kommentars:

18. **Obviously** he doesn't have a clue.	*Er hat offensichtlich keine Ahnung.*
19. **As a matter of fact** she's my cousin.	*Eigentlich ist sie meine Cousine.*
20. She's **probably** forgotten all about it.	*Sie hat's wahrscheinlich völlig vergessen.*

Kommentierende Adverbien und adverbielle Bestimmungen (drücken die Meinung bzw. die Einstellung des Sprechers aus) stehen meist zur Betonung am Satzanfang (18, 19) oder, wenn es einzelne Wörter sind, in der Mittelstellung (20). Hier sind auch andere Varianten möglich (z. B. *He obviously doesn't have a clue*).

5.8 Inversion bei bestimmten Adverbien

1. – I think it's going to be a wonderful evening. – **So do I.**	– *Ich glaube, es wird ein wunderschöner Abend.* – *Ich auch.*
2. **Not only is she** good-looking, she's got brains as well.	*Sie ist nicht nur schön, sie hat auch was im Kopf.*

In folgenden Fällen werden im Englischen Verb und Subjekt umgestellt (Wortstellung wie im Fragesatz – notfalls Umschreibung mit *do*):

- nach *so* bzw. *neither/nor* am Satzanfang (im Sinne von „auch" bzw. „auch nicht") (1)
- nach einigen Adverbien am Satzanfang (2). Die wichtigsten:
  never = *nie*
  no sooner + Umstellung ... *than* = *kaum ..., als*
  not only = *nicht nur*
  only then = *erst dann*
  rarely/seldom = *selten*
  scarcely + Umstellung ... *when* = *kaum ..., als*

5.9 Adjektiv oder Adverb bei bestimmten Verben

Zum Abschluss kommen nun die Verbindungen mit Verben, die keine Tätigkeit, sondern einen Zustand bzw. eine Eigenschaft ausdrücken:

1. She tried to **remain calm** while all around her everyone panicked.	*Sie versuchte ruhig zu bleiben, während um sie herum alles in Panik geriet.*
2. I didn't expect your father to **turn aggressive**.	*Ich habe nicht erwartet, dass dein Vater aggressiv wird.*

Folgende Verben in der angegebenen Bedeutung werden in der Regel mit der Adjektivform verbunden (1, 2):

remain	*bleiben*	become	*werden*
stay	*bleiben*	get	*werden*
		grow	*werden*
		turn	*werden*

Wenden wir uns nun dem Reich der Sinne zu:

3. This tea **tastes dreadful**!	*Der Tee schmeckt fürchterlich!*
4. Her perfume **smells overpowering**.	*Ihr Parfüm riecht aber penetrant!*
5. That voice **sounds familiar** to me.	*Diese Stimme kommt mir bekannt vor.*

Nach Verben der Sinneswahrnehmung steht in der Regel die Adjektivform (ohne *-ly*!) (3 – 5), wenn diese Verben einen Zustand oder eine Eigenschaft ausdrücken.

Allerdings können die meisten dieser Verben sozusagen dynamisch werden und – mit leicht veränderter Bedeutung – auch eine Tätigkeit ausdrücken:

6. **Reluctantly** she **tasted the cocktail**.	*Widerwillig probierte sie den Cocktail.*
7. The driver behind me **impatiently sounded his horn**.	*Der Fahrer hinter mir hupte ungeduldig.*

Mit folgender Bedeutung werden „Wahrnehmungsverben" mit der Adverbform (*-ly*) verbunden (6, 7):

feel	*berühren, anfassen*
look at	*ansehen, sehen auf*
smell	*„beschnuppern"*
sound	(die Hupe o. Ä.) *betätigen*
taste	*abschmecken, kosten, probieren*

6 Zahlen

6.1 Grundzahlen

1	one	30	thirty
2	two	40	forty
3	three	50	fifty
4	four	60	sixty
5	five	70	seventy
6	six	80	eighty
7	seven	90	ninety
8	eight	100	a/one hundred
9	nine	101	a/one hundred and one
10	ten	142	a/one hundred and forty-two[1]
11	eleven	200	two hundred
12	twelve	1,000	a/one thousand
13	thirteen	1,450	one thousand four hundred and fifty[2]
14	fourteen	2,000	two thousand
15	fifteen	100,000	a/one hundred thousand
16	sixteen	1,000,000	a/one million
17	seventeen	1,000,000,000	a/one billion (*in GB auch:* a thousand million)
18	eighteen		
19	nineteen		
20	twenty		
21	twenty-one		
22	twenty-two		
23	twenty-three		
24	twenty-four *usw.*		

Null drückt man wie folgt im Englischen aus:

0 beim Rechnen: *nought* [nɔːt], *zero* [ˈzɪrəʊ, AE ˈziːroʊ]

0 beim Sport: *nil*, AE *zero*; Tennisspiel: *love*

0 in Telefonnummern: O [əʊ], AE *zero*

[1] Im amerikanischen Englisch verzichtet man oft auf das *and*; [2] seltener: *a thousand …*

6.2 Zeichen und Schriftbild bei Zahlen

- Bei Zahlen ab 1.000 steht im Englischen für den deutschen Punkt immer ein Komma (10,000,000).
- Umgekehrt ist es bei den Dezimalzahlen: 5.9 (*five point nine* = *fünf Komma neun*), 0.34 (*nought point three four* = *null Komma drei vier*).
- Beachten Sie die Schreibweise von 4 und 14 (*four, fourteen*) im Gegensatz zu 40 (*forty*).
- 1 wird ohne Haken geschrieben.
- 7 wird meistens ohne Querstrich geschrieben.

6.3 Telefonnummern

- Telefonnummern werden im Allgemeinen Ziffer für Ziffer gesprochen:

  0181-569 4032 = *oh-one-eight-one five-six-nine four-oh-three-two*
- Schnapszahlen (44, 666 usw.) werden gewöhnlich wie folgt behandelt, können aber auch einzeln ausgesprochen werden:

  01765-62238 = *oh-one-seven-six-five six-double two-three-eight*

  0171-333 5816 = *oh-one-seven-one triple three five-eight-one-six*
- Der Notruf in Großbritannien (999) wird immer *nine-nine-nine* gesprochen.

6.4 Jahreszahlen

Bei Jahreszahlen gilt folgende Handhabung:

- 1492 = *fourteen ninety-two*
- 1908 = *nineteen oh eight*

Zur Betonung wird *hundred and* eingefügt:

- 1776 = *seventeen hundred and seventy-six*

Jahreszahlen wie die folgenden hört man natürlich immer öfter:

- 2000 = *(the year) two thousand*
- 2001 = *two thousand and one*
- 2010 = *twenty ten*, seltener *two-thousand and ten*
- 2100 = *twenty-one hundred*

6.5 Ordnungszahlen

1st	first	17th	seventeenth
2nd	second	18th	eighteenth
3rd	third	19th	nineteenth
4th	fourth	20th	twentieth
5th	fifth	21st	twenty-first
6th	sixth	22nd	twenty-second
7th	seventh	23rd	twenty-third
8th	eighth	24th	twenty-fourth *usw.*
9th	ninth	30th	thirtieth
10th	tenth	40th	fortieth
11th	eleventh	50th	fiftieth
12th	twelfth	60th	sixtieth
13th	thirteenth	70th	seventieth
14th	fourteenth	80th	eightieth
15th	fifteenth	90th	ninetieth
16th	sixteenth	100th	(one) hundredth

101st	(one) hundred and first
102nd	(one) hundred and second[1]
138th	(one) hundred and thirty-eighth[1]
200th	two hundredth
1,000th	(one) thousandth
3,956th	three thousand nine hundred and fifty-sixth[1]
1,000,000th	(one) millionth

[1] Im amerikanischen Englisch verzichtet man oft auf das *and*.

7 Die wichtigsten unregelmäßigen Verben

Infinitiv	einfache Vergangenheit	*Past Participle*	Übersetzung
be	was	been	*sein*
beat	beat	beaten	*schlagen*
become	became	become	*werden*
begin	began	begun	*anfangen*
bite	bit	bitten	*beißen*
blow	blew	blown	*blasen*
break	broke	broken	*(zer)brechen*
bring	brought	brought	*(her)bringen*
build	built	built	*bauen*
burst	burst	burst	*platzen*
buy	bought	bought	*kaufen*
catch	caught	caught	*fangen*
choose	chose	chosen	*wählen*
come	came	come	*kommen*
cost	cost	cost	*kosten*
cut	cut	cut	*schneiden*
dig	dug	dug	*graben*
do	did	done	*tun; machen*
draw	drew	drawn	*zeichnen*
drink	drank	drunk	*trinken*
drive	drove	driven	*fahren*
eat	ate	eaten	*essen*
fall	fell	fallen	*fallen*
feed	fed	fed	*füttern*
feel	felt	felt	*(sich) fühlen*
fight	fought	fought	*kämpfen*
find	found	found	*finden*
fly	flew	flown	*fliegen*
forget	forgot	forgotten	*vergessen*
freeze	froze	frozen	*(ge)frieren*
get	got	got	*bekommen; kriegen*
give	gave	given	*geben*
go	went	gone	*gehen; fahren*
grow	grew	grown	*wachsen*
hang	hung	hung	*hängen*
have	had	had	*haben*
hear	heard	heard	*hören*
hide	hid	hidden	*(sich) verstecken*
hit	hit	hit	*schlagen*
hold	held	held	*halten*
hurt	hurt	hurt	*wehtun*
keep	kept	kept	*behalten*
know	knew	known	*wissen; kennen*
lay	laid	laid	*legen*
lead	led	led	*führen*

Infinitiv	**einfache Vergangenheit**	***Past Participle***	**Übersetzung**
learn	learnt, learned	learnt, learned	*lernen*
leave	left	left	*lassen; verlassen*
lend	lent	lent	*(aus)leihen*
let	let	let	*lassen*
lie	lay	lain	*liegen*
lose	lost	lost	*verlieren*
make	made	made	*machen*
mean	meant	meant	*bedeuten*
meet	met	met	*treffen; begegnen*
pay	paid	paid	*bezahlen*
put	put	put	*legen; setzen; stellen; stecken*
read	read	read	*lesen*
ride	rode	ridden	*reiten; fahren*
ring	rang	rung	*läuten; klingeln*
run	ran	run	*laufen; rennen*
say	said	said	*sagen*
see	saw	seen	*sehen*
sell	sold	sold	*verkaufen*
send	sent	sent	*schicken*
set	set	set	*setzen; stellen*
shake	shook	shaken	*schütteln*
shine	shone	shone	*scheinen*
shoot	shot	shot	*(er)schießen*
show	showed	shown	*zeigen*
shut	shut	shut	*zumachen*
sing	sang	sung	*singen*
sit	sat	sat	*sitzen*
sleep	slept	slept	*schlafen*
smell	smelt, smelled	smelt, smelled	*riechen*
speak	spoke	spoken	*sprechen*
spend	spent	spent	*ausgeben; verbringen* (Zeit)
stand	stood	stood	*stehen*
steal	stole	stolen	*stehlen*
sting	stung	stung	*stechen* (Insekt)
swim	swam	swum	*schwimmen*
take	took	taken	*nehmen*
teach	taught	taught	*unterrichten; lehren*
tear	tore	torn	*zerreißen*
tell	told	told	*sagen; erzählen*
think	thought	thought	*denken*
throw	threw	thrown	*werfen*
wake	woke	woken	*wecken; aufwachen*
wear	wore	worn	*tragen* (Kleidung)
win	won	won	*gewinnen*
write	wrote	written	*schreiben*

Sachregister